世界平和のための
TPP賛成論

安保法制に反対し、平和を求める人こそTPPを支持すべき！

参議院議員
アイアン・フジスエ

世界平和のためのTPP賛成論

プロローグ——諸国民の公正と信義を信頼して　03

第1章　TPPはこうして戦略的に活用すべきだ　09
アジア太平洋共同体を形成するきっかけになる　10
TPPはアジア環太平洋の自由貿易をリードする牽引車となる　11
中国を孤立させないことがポイント　13
規制緩和は中国共産党にとってネックになる　17
TPPで一番得をするのはベトナムだといわれる理由　18
中国排除は日本にもアメリカにも得策ではない　19
中国経済は危ないからこそ、経済連携によって支えていくべき　21

第2章　TPP反対論に反論し、TPP実現後の未来を探る　23
TPPが関税及び非関税障壁の問題に風穴を開ける　24
「日本は内需の国だから、貿易に頼る必要はない」への反論　25
TPPに対する懸念を省庁にぶつけたり、自分で研究した　26
アメリカで遺伝子組み換え表示が禁止されたのは理由があった　27
TPPを利用して、米国州政府などの調達に風穴を開けるべき　29
ISDS条項は毒素条項ではない　32
TPPは活用する方法を練らなければ意味がない　34
TPPを支えるフラグメンテーション理論　35
国際分業の弱点は先進国の農業に影響が出ること　37
戸別所得補償はフラグメンテーション理論上も合理性を持つ　38
「尊農開国」こそがTPPの可能性を活かす道　39
アニメやブランド品などの知的財産がTPPで保護される　41
今後懸念されるのが国会の承認　42
労働やエネルギーに関する規制緩和と農業対策は必須　44

エピローグ　48

巻末付録　アフラックと日本郵政との提携に関する資料／ISDS条項に関する資料／東アジア共同体構想に関する資料　56

プロローグ────諸国民の公正と信義を信頼して

　賛否両論あるTPPですが、私は基本的に賛成の立場をとっています。
　なぜ、賛成なのかといえば、TPPを積極的に活用しなければ10年後、20年後、日本の経済は衰退している可能性が高いからです。
　こういうことをいうと、TPP反対派は、日本の経済を衰退させるのはTPPのほうだと言うでしょう。食の安全の問題など、いわゆる毒素条項が含まれているTPPを日本に入れることは日本の経済を破壊するだけでなく、日本社会をも壊してしまうからだと。
　しかし、これら、反TPP派の主張の多くは、TPPに対する誤解から生じています。
　その誤解はのちほど解いていきますが、私はこの本の中で、TPPは大丈夫だ、安心してほしいといった啓蒙をしたいと思っているわけではありません。そういう本はすでに多く出ていますので、本書の中では、食の安全の問題など大きな疑問点にのみ言及するだけにしたいと思っています。
　この本で訴えたいことは、「TPPの大きな可能性」のほうです。
　現在のTPPに関する議論は、コメの関税の聖域は守られたか否か、7年後の見直しで追い込まれてしまうのではないのか、といった受動的かつ否定的な捉え方をしているものばかりです。積極的で前向きな議論がなかなかできていません。私はそれが歯がゆくて仕方ないのです。
　TPPはそんなに日本にとって厄介者なのでしょうか？

参加国を疲弊させるものでしょうか？

　もしそうならば条約国から外れている中国は日本やアメリカ、オーストラリアなどの参加国を冷ややかな目で見ているはずです。しかし、現実はその逆で、中国はTPPを非常に気にしています。

　TPPに対抗するために、同じような自由貿易圏である東アジア地域包括的経済連携（RCEP／Regional Comprehensive Economic Partnership）や一帯一路（シルクロード）構想の成立を急がせているほどです。

　なお、RCEPとは、東南アジア諸国連合（インドネシア、シンガポール、タイ、フィリピン、マレーシア、ブルネイ、ベトナム、ミャンマー、ラオス、カンボジア）と日本、中国、韓国、インド、オーストラリア、ニュージーランドの計16カ国による包括的EPAです。実現すれば、世界人口の約半分を占める巨大な経済圏となります。

　中国の話に戻ると、ビジネスマンはもっと切実で、「RCEPやシルクロード構想は先の話だが、TPPは来年にも発効される現実の話。もしも、TPPが動き出したら、中国のビジネスは厳しくなる」といって相当焦っています。これは上海のビジネスマンから私が直接聞いた話ですから確かです。

　彼らは、「中国がTPPに入ろうとしないのは国営企業を民営化させるのが嫌だからで、もともと民営企業の我々は関係ない。国営企業の都合で、私たちのビジネスを危うくさせられるなんてことがあっていいのか」と憤慨しているのです。

　なぜ、日本と中国で、これほどの温度差があるのでしょうか？

　その理由は、TPPが持つ戦略性に気づいているかいないか、です。

　中国のビジネスマンたちは、TPPから外れているからこそ、その

強さ、怖さが見えているのです。

　彼らから見えているTPPの強さを一つ挙げるとすれば**原産地規則**があります。

　簡単に説明しますと、例えばここに、アメリカ製のAというコンピュータと、Bというコンピュータがあったとします。コンピュータAは組み立てをベトナム、部品はマレーシア、シンガポールのものを使っています。コンピュータBは組み立てをアメリカ、部品を中国、ベトナムから調達したとしましょう。

　このA、Bをアメリカから日本に輸出する場合、Aには関税がかかりませんがBには関税がかかってしまうのです。

　なぜそんなことになってしまうのかといえば、調達国の違いのためです。

　Aはマレーシア、シンガポールの部品を使ってベトナムで組み立てています。部品供給国も組立地もすべてTPP条約参加国ですから関税はかかりません。

　ところが、Bは組み立てこそアメリカでやっているものの部品を中国から調達しています。中国はTPPに参加していませんから、無関税というわけにはいかないのです。これが原産地規則です。

　TPPとはご存じのように自由貿易経済圏を形成するもので、条約参加各国は一部の例外品を除いて相互に無関税あるいは軽減税率となります。

　この無関税は製品だけではなく、製品材料にも適用されます。条約参加国ではない中国製の部材を使えば、その分、関税がかかってしまうのです。

　こういう状況となった場合、コンピュータBのメーカーはどうする

でしょうか？
　当然、部材の仕入れ国をTPP参加国に切り替えるでしょう。
　こうやって、TPP参加国は参加国間で部材の調達を行うようになり、条約に参加していない国は次第に排除されていきます。
　なぜ、中国のビジネスマンたちが、TPPの動きを気にしているのか、これでおわかりになったでしょう。
　極めて近い将来、中国製品は原材料、部品も含めて、TPP条約参加各国から締め出される運命にあるのです。
　尖閣諸島領有や南沙諸島の問題もあって、最近の日本人の対中感情は良好なものではありません。
　ですから、中国製品を締め出すという話をすると、たとえ反TPP派の人でも意外に歓迎するのですが、こういった状況が長く続くことがいいとは思えません。TPPが中国包囲網のように作用してしまうと、アジア地域の安全保障がますます危うくなってしまうからです。
　ですから、私は中国を締め出すのではなく、取り込んでしまう方向に持っていくことがTPPの可能性を広げることだと思っています。
　TPPの経済圏は現状においても世界のGDPの4割を占める巨大なものです。
　そこに中国が加われば、環太平洋とアジアを包括する経済規模でも地域でも世界最大の経済共同体が完成します。
　そのインパクトはEU（欧州連合）ができた時以上となるでしょう。
　私はそこを出発点に、**経済協力を超えた、安全保障、教育といったものなどを包括的に共有していく広域共同体へと発展できるのではな**いかと思っているのです。そうなれば、巨大な経済圏は一つの共同体として機能し始め、人種、国の違いを超えて協力し合うことになり

ます。

　TPPは単なる広域経済圏の形成で終わらせるのではなく、最終的にEUのような共同体を目指すべきではないでしょうか。

　もちろん、それが簡単ではないことは理解しているつもりです。

　ただし、決してそれが雲をつかむような話とも思えないのです。

　なぜならば、EUも最初はEEC（欧州経済共同体）からスタートしているからです。

　TPPでつくられた自由貿易圏も、最初は太平洋アジア経済共同体として機能していけばいいでしょう。その枠組みの中で、各国は分業を推し進め、やがて相互に経済依存するようになれば、自然に太平洋アジア経済共同体から太平洋アジア共同体へと移行できるはずです。

　EUは現実にそれを成功させています。ヨーロッパにできたことが、アジア太平洋地域でできないことはないはずです。

　その中で日本がどういった役割を果たしていくか。

　私は日本だからこそできることがあると確信しています。

　日本には世界に誇るべき平和憲法である日本国憲法があります。戦争放棄を掲げて70年、日本はずっと憲法の精神を遵守し、平和を維持してきました。

　この平和の精神を日本のみならず、アジア太平洋地域にも広げていき、共同体の実現を目指していきたいのです。

　あまり知られていないことですが、実は、EUも同じ理念のもとにつくられているのです。

　以前、EU関係者と仕事をした時に、彼らはこんなことを言っていました。「EUをつくったのは三度目の世界大戦が起きないようにするためなんです。ですから、ちょっとやそっとの問題が起きたところ

で、私たちはEUを投げ出すことはしません」
　そう強い口調で言っていたEUの幹部たちは一人や二人ではありませんでした。
　日本では、移民問題やテロの問題でEUは解体されると予想する人たちもいるようですが、彼らの決意はそんな薄っぺらなものでは決してありません。
　ヨーロッパではもう戦争は起こさせない。そのために、彼らは共同体を形成したのです。
　TPPも経済連携協定だけに終わらせず、環太平洋アジアの国々から戦争を根絶させる大きなきっかけづくりに活用できるのではないか。
　私は、TPPの大きな可能性とはここにあると思っているのです。
　もちろん、すぐにそれが実現するなどとは思ってはいません。
　いまから30年後、2050年ごろを目指していけばいいのではないかと思っています。
　いえ、2050年には、そういう世界が訪れるように、いまから動いていくことが、我々の責務でしょう。
　TPPはアジア太平洋の人々の交流を促し、お互いの理解を深め、信頼をつくることにより、日本国憲法にある「**平和を愛する諸国民の公正と信義に信頼して、われらの安全と生存を保持しようと決意した**」という文言を実現できると私は考えています。
　戦争のない世界を実現させる。
　これが私自身の夢であり、政治家としての使命だと思っているのです。

第1章

TPPはこうして戦略的に活用すべきだ

第1章

アジア太平洋共同体を形成するきっかけになる

　私は本書でTPPの新しい捉え方と大きな可能性について語りたいと思っています。この可能性を語っていくと、非関税障壁等いまいわれているTPPに対する懸念も取り払っていくことができるでしょうし、本当の意味での課題も見えてくるからです。

　TPPは「環太平洋戦略的経済連携協定」と訳されるように戦略的に活用していくことが基本だと私は思っています。TPP賛成派の方々もそこは同じ考えだと思いますが、反対派と議論すると、どうしてもTPPを擁護する立場を堅持せざるを得なくなり、TPPが持つ大きな可能性の話にまでなかなか踏み込めません。

　私はそこがTPPに関する議論の最も不幸な部分であると思っています。

　プロローグでも書いたとおり、TPPは最終的にはアジア太平洋共同体を形成するためのきっかけになるものだと感じています。

　TPPのみならず、EPA（経済連携協定）やFTA（自由貿易協定）は域内の経済交流を通して協定国家間のつながりを緊密化するものと捉えるべきです。

　域内各国家が経済的に相互依存することで地域の経済を発展させて貧困を減らしていく。その結果、紛争や戦争のきっかけをなくしていくことが最も重要なことだと思うのです。

　そもそも戦争や紛争の原因は貧困です。

　第一次大戦でも第二次大戦でも戦争のきっかけはすべて経済の悪化でした。貧しいゆえに人々の不満は高まり、他国への侵略といった考

え方が起きてしまうのです。

　国家の安全保障を考えた時、国の武力強化は決して疎かにするべきではありませんし、日米安保に代表されるような国家間の安全保障条約も大切であることは間違いありません。

　ただし、戦争のきっかけに経済が大きく起因する以上、国家間の経済連携は強力なセーフガードとして機能するはずです。

　戦争が起きた時に備えることも重要ですが、起きないようにすることはそれ以上に重要ではないかと私は思うのです。

　そのためにも地域内の経済連携は推し進めていくべきではないかと私は思います。

　そして、そう考えた時、TPPは現在、とても大きなアドバンテージを持っています。

　「このアドバンテージをどう活用していけばいいのか？」といった議論こそ、これからの日本に本当に必要なものだと思っています。

TPPはアジア環太平洋の自由貿易をリードする牽引車となる

　まずはTPPの持つアドバンテージについてお話ししたいと思います。

　現在、アジアでは包括的な自由貿易協定がいくつも動いています。

　中国はプロローグで述べた通り、RCEP（東アジア地域包括的経済連携）やシルクロード構想を主導し、その成立を急いでいます。

　ASEAN諸国は日米中露とアジアを含めた巨大なアジア太平洋自由貿易圏（FTAAP）の実現を目指しています。しかし、これらの構

想はまだ枠組みすら決まっていない状態で、まったく現実的ではありません。

一方、TPPはすでに参加国の合意まで終わり、順調にいけば、来年（2017年）にも発効できるところまで進んでいます。

この一歩先をいっていることがとてつもなく大きいと私は感じています。

というのも、包括的な経済連携協定は、原産地規則が必ず入りますから、プロローグでも書いたように、原材料、部材の調達先がどうしても経済圏内各国になってしまいます。逆にそうしなければ、経済圏を形成するメリットもありません。ですから、好むと好まざるとにかかわらず、参加国と非参加国の区別が出てきてしまいます。

現在、TPPは**日本、アメリカ、シンガポール、チリ、ニュージーランド、ブルネイ、オーストラリア、ベトナム、ペルー、マレーシア、カナダ、メキシコの12カ国**ですが、これから東アジアや東南アジア各国も続々参加してくるでしょう。実際、**韓国、タイ、台湾、フィリピン、インドネシアといった国々は早速、TPP参加の意向を表明し**ています。

この動きは今後も加速していくことになり、TPPは現実的にアジア環太平洋の自由貿易をリードする牽引車の役割を担うのです。

それを快く思わない中国がRCEPやシルクロード構想などの経済連携協定の実現をこれから加速させても、各国の合意を得るまでには何年もかかってしまうでしょう。しかし、その間もTPP加盟国は増え続けるはずです。

最初に提携を現実化させたことのアドバンテージは絶大なのです。日本はこれに乗り遅れなかったことを大いに評価するべきでしょう。

中国を孤立させないことがポイント

　そして、ここが重要なのですが、日本はTPP参加国の中で、アメリカに次ぐGDPを誇ります。これはTPP条約国の中で大きな発言力を持つことを意味します。

　TPPのルールでは、条約国家間のGDP比によって議決権が配分され、日本は一国で約16％を占めています。TPPではGDP比で85％以上の国家が賛成しなければ、各種の案件は通りません。よって事実上、**日本とアメリカはそれぞれ一国で拒否権を持つ**ことになります。

　このようにアジア域内で大きな力を持つであろう経済連携協定の中で、日本が大きな発言力を持っていることは今後キーポイントとなってきます。

　ただし、これを効果的に活かすためには外交能力が必要になってきます。

　いま日本は交渉能力でやや難点があります。そこをいかに克服するかが今後の課題だと思いますが、いずれにせよ、TPPの可能性を最大限に引き出すことがこれからの日本の使命であることは間違いありません。

　ただし、そこでネックになってくるのが先ほどからお話ししている中国です。

　私はアジアの中で中国を孤立させないことが大切だと思っています。
　中国の外交はいま、アメリカとヨーロッパを天秤にかけながら、かなり無謀な拡大路線を展開しようとしています。

　南沙諸島の問題はそのいい例で、岩礁を埋め立てて人工島を造り、

そこを自国の領土だと主張するのは、国際常識からかけ離れたものです。フィリピンやベトナム、インドネシアなどが激しく反発し、南沙周辺の政情不安を引き起こしています。昨年（2015年）末には、アメリカ海軍が航行の自由作戦を開始し、米中の緊張感も高まるばかりです。

　中国が対米政策で強く出られる理由にEUとのつながりがあります。

　ここ数年、ドイツは対中輸出で稼いでおり、ドイツ車の売り上げを見るとアメリカを抜いて中国がトップになっています。

　イギリスも、中国と良好な関係を築くとともに経済協力を緊密化させています。昨年はイギリス国内に中国製の原発を3基導入することも決めました。中国製の原発には安全性の問題があり、イギリス国民及びヨーロッパ各国から不安の声が上がっていますが、イギリス政府は、そういった反対の声を無視してでも中国との経済連携を強化する方針です。

　イギリスがなぜ中国との連携を強めようとするのかといえば、中国が持つキャッシュを使って、再びシティを国際金融市場のハブにしようと考えているからだといわれています。中国が提唱したアジアインフラ投資銀行（AIIB）に参加したのも、シティの復活の狙いがあるからです。

　AIIBにはイギリスだけでなく、ドイツ、フランス、イタリア、スペインといったヨーロッパの主要国が参加しています。

　中国と欧州各国は経済面、金融面でのつながりをますます深めていくでしょう。

　こういう中国ですから、アメリカ主導の経済連携協定TPPに乗る必要はないと考えるのも当然でしょうし、本音をいえば乗りたくない

のでしょう。

　しかし、中国周辺国がTPPに加盟し、自国だけが取り残されるのは決して歓迎すべきことではありませんので、RCEPという包括的経済連携協定を進めているわけです。

　2015年10月にAPECのボラード事務局長（元ニュージーランド中央銀行総裁）と会談した時に、中国がRCEPに力を入れ始めたとの話を聞きました。中国は相当、TPPへの対抗意識を持っているようです。

　TPPに合意している日本がなぜRCEPに参加しようとしているのかといえば、東アジアを包括する大きな枠組みから外れる理由がないからです。

　経済的にも安全保障上の観点からみてもRCEPは重要です。日本にはTPPがあるからほかのEPA、FTAは必要ない、というものではありません。

　こういった考え方は日本だけでなく、どこの国でも同様で、自由貿易協定には基本的に参加するものなのです。そうしなければ、その後の貿易から弾かれてしまうからです。

　特にTPPには韓国、タイ、台湾、フィリピン、インドネシアなどといった国々が参加表明しているわけですから、本来ならば中国も参加するべきなのです。参加した状態で、RCEPなどをTPPとはまた別に進めていけばいいだけの話なのです。

　ところが、中国はTPPに関しては頑なに拒否します。それはアメリカとの駆け引きや中国政府のメンツの問題があるからですが、このままでは中国は、TPP参加国にその意思がなくても、環太平洋アジアの貿易から締め出されてしまいかねません。

　中国政府もその辺は理解しているようで、彼らはRCEPとはまた

別に、「一帯一路構想」（シルクロード構想）にも取り組んでいます。

この構想は中国から中央アジアを経由してヨーロッパに至る一帯を陸のシルクロード（一帯）として経済協力ベルトを形成するものと、中国沿岸部から東南アジア、インド、アラビア半島、アフリカ東部を結ぶ海路を海のシルクロード（一路）として経済的に結びつけるもので、二つのルートでアジアと欧州、アフリカを一体化する巨大な構想です。

環太平洋の国々ではなく、ヨーロッパと密接な経済連携を築くことで、アメリカ主導の経済圏に対抗しようと考えているのです。

ただし、シルクロード構想は具体的なビジョンなどなにも決まっていません。まだまだ絵に描いた餅のような構想なので、現状、極めて現実化は難しいといわざるを得ません。

結局、中国は現実的な対応を迫られることになり、日本、韓国との日中韓FTA条約をまとめようと急ピッチで動き始めています。

もちろん、日本は日中韓FTAにも前向きに動いていますが、TPPに参加しないと、中国はこの先、経済的に孤立化を深めてしまうだけでしょう。

繰り返しますが、これは経済的にも地域安全保障の面でも歓迎されるべきことではありません。

現在、中国は迷走しているといってもいい状態です。その中国をいかに安定した経済連携協定の枠内に導いていくか、それはアジア全体で考えていくことではないかと思っています。

規制緩和は中国共産党にとってネックになる

「中国をいかに、TPPに導いていくか？」については、もう一つ中国の制度的な問題もあります。

中国は共産主義国家です。一部経済に資本主義を取り込んでいますが、貿易自由化、経済連携を他国と行うとなったら、環境規制、労働規制、国有企業の規制といったものを外していかなければいけません。

ここで包括的経済連携協定であるTPPとバッティングしてしまいます。各国が規制を緩めているのですから、中国も規制を緩める必要があります。

そうなれば中国は自然環境に対する基準を先進国並みに引き上げることを要求され、労働環境の改善を強いられることになるでしょう。

なにより難しいのが国有企業の扱いです。共産主義国家は基本的にすべて国有企業です。

一部株式会社化しているものもありますが、基幹産業や銀行は国有もしくは国が支配しています。この状態である限り、TPPに参加するのは難しいといわれています。

さらに、規制改革は中国共産党自体の改革にもつながりかねません。中国主導で行うRCEPなどは、ルール作りを自分たちでできますから問題ないのですが、TPPはすでにルールはできていて、基本の部分は変更できません。規制緩和の流れは中国共産党にとっても大きなネックになっています。

中国がTPPを嫌うのは、こういう理由もあるのです。

TPPで一番得をするのはベトナムだといわれる理由

　では、結局、中国は孤立化するだけなのかというと、実は、今回公開されたTPP条約を見ると、中国参加の道がしっかり残されています。
　まず、条約参加国を見てください。TPP参加国12カ国の中にベトナムが入っていることがわかると思います。
　ご存じのようにベトナムも中国同様、共産主義国家です。ベトナムがTPP条約に合意できて中国ができない理由はありません。
　ここがアメリカのしたたかなところなのではないかと思うのですが、どうやら**アメリカはもともと中国のTPP入りも想定して、ベトナムとの条約作りを考えていたようなのです。**
　よくTPPで一番得をする国はベトナムだといわれますが（世界銀行ベトナム事務所の経済専門家によると、TPPは2030年までにベトナムのGDPの成長を8〜10％押し上げる可能性があるとのこと）、それは中国対策の試金石として他国よりも有利な条約作りに成功しているからです。例えば国有企業の解体、民営化にしても、株の売買や所有権に関してかなりベトナム寄りに譲歩したものになっています。
　そういう意味では、アメリカの経済連携協定に対する戦略ははっきりしています。中国のようにメンツでもプライドでもなく、利益最優先です。
　中国経済をも取り込んでしまおうという思惑がそこにあります。

中国排除は日本にもアメリカにも得策ではない

　アメリカが利益最優先なのは資本主義国家だから当然なのですが、アメリカは特に世界の中でもそれが著しい国です。
　先ほど、中国がメンツやプライドにこだわると書きましたが、それは、共産党内での勢力争いがあるからです。
　現在、中国国家主席の習近平氏は中国人民に絶大な人気を誇っていますが、それは彼が反腐敗運動で賄賂(わいろ)を取る役人たちを次々と逮捕、処罰しているからです。また、対外政策では欧州をバックに大国アメリカと互角に渡り合っています。
　国内では腐敗を正し、国外では強く打って出る姿に中国人民は大きな拍手を送っています。
　しかし、そのことは同時に共産党内で多くの敵をつくることを意味し、少しでも弱みを見せると政敵の反撃が待っています。特に、外交面で失敗すると即失脚の可能性もあるので、習近平はメンツにこだわるのです。
　では、アメリカが利益にこだわる理由はなんでしょうか？
　それは通商交渉においては資本家、大企業の思惑が最優先されるからです。
　私は通産省時代の1992、93年に日米構造協議のスーパーコンピュータ政府調達交渉の担当でしたから痛感しているのですが、アメリカとの通商交渉には明らかにバックがいました。
　簡単にいってしまえば、**アメリカ通商代表部の要求は多国籍企業の要求がほぼそのまま反映されたもの**だったのです。

なぜ、そんなことがわかるのかといえば、アメリカ側が提出してくる公式文書の中にクレイというマークが入ったものが紛れ込んでいることが何度かあったからです。

クレイとはクレイ・インコーポレイテッドというワシントン州シアトルにあるスーパーコンピュータを製造する企業です。そのクレイのロゴが入っている文書を政府公式文書として日本側に渡してくるのです。

もちろん、通常はそのロゴは消してから渡してくるのですが、たまに消し忘れたものが紛れ込んでいるのです。当然、抗議をしましたが、彼らは平気でした。

アメリカのスパコン事業に関する要望とは、つまり、スパコン企業クレイの要望なのです。

もちろん、企業の要望や業界の実態を反映させることは、日本だってやっていることですから、別段悪いことではないでしょう。しかし、ロゴ入り文書を平気で提出してくる杜撰(ずさん)さには呆れました。

最近聞いた話ですと、オバマ大統領が進めていた国民皆保険オバマケアも同様だったようです。

あの条文を書いていたのは保険会社で、オバマケアが議会からも国民からも評判が悪かったのは保険会社が儲かるだけだったから、という話でした。アメリカの通商交渉は、バックで多国籍企業が動いているのは私の経験からいっても間違いありません。

しかしだからこそ、アメリカは中国を参加させることに躊躇(ためらい)はないのです。もっとはっきりいえば、アメリカの産業界にはTPPの中国入りを拒む人はいません。

その逆に、感情的に中国入りを嫌う人は、日米とも政治家のほうに

多いようです。

　2011年10月と少々古い話ですが、台湾で日米台の国際カンファレンスがあり、私もスピーカーとして参加しました。

　その時にアメリカからピーター・ロスカム下院議員とトム・リード下院議員（ともに共和党）が来ていましたが、彼らは明確にTPPは中国包囲のための経済協定だと言っていました。

　しかし、中国を排除することは日本にとってもアメリカにとっても得策とはいえません。アメリカは大きな市場を失うことになりますし、日本においては、安全保障のリスクまで高まってくるのですから、感情論はこの際、排除するべきです。

中国経済は危ないからこそ、経済連携によって支えていくべき

　安全保障上の観点から中国のTPP参加について書いてきましたが、肝心の中国経済はどうなのか、という懸念があります。

　昨年（2015年）、中国は上海市場でバブル崩壊を起こしています。今年の株式市場では売りが殺到し、サーキットブレーカー制度（株式相場が大きく変動した時に、強制的に取引を止めるなどして、相場を安定させること）を発動させて二度も取引中止を引き起こしています。これを受けて米国市場も大きく下落し、世界的株安の引き金になりました。

　中国経済は相当危ないというのが大方の意見ですが、私は中国の清華大学の教授をした経験があるので現地の情報が入りますし、無人のビル群などを自分の目で見ているので、その意見には賛成します。

そもそも中国経済は昨年のバブル崩壊で外貨準備をかなり取り崩してしまったといわれています。
　具体的にいうと、中国の外貨準備は3.5兆ドル（400兆円）で、そのうちの3割が米国債で1.2兆ドル。上海バブルの崩壊で、この外貨準備を減らしたという話もありますが、実際には10兆円ほどを使っただけだという予想もあります。
　たとえ、キャッシュがなくなったとしてもIMFのSDR（特別引き出し権）採用が決定していますから、ここからドルを融通することが可能になっています。
　また、これからアジアインフラ投資銀行（AIIB）も動き出しますから、中国経済が傾いているとはいえ、いますぐ倒れることも考えられません。逆に経済提携の結び方次第では回復する可能性も残しています。
　中国経済は確かに危険です。しかし、危険だからこそ、TPPの経済連携によって支えていくことが重要になってくるのです。
　これは中国一国のためではなく、アジア全体の経済を支えるためであり、日本の安全保障としても有効に機能させるために必要なことなのです。

TPP反対論に反論し、
TPP実現後の未来を探る

TPPが関税及び非関税障壁の問題に風穴を開ける

　ここで少し、話を日本国内に移したいと思います。
　なぜ、私がTPPにこだわるのかといえば、日本は昔も今も貿易の国だからです。
　昭和30年代は輸出で稼いで高度成長を遂げ、日本の社会と経済は大きく発展しました。その後、バブル景気があって、バブルの崩壊後は長い不況が続いています。それでもまだ当時は輸出入のバランスは取れていたのです。
　ところが、東日本大震災以後、日本は毎年2～10兆円超の貿易赤字を抱えるようになりました。多くの人が気づいていないようですが、日本はいま輸入超過の国になってしまっているのです。
　これは大問題です。
　なぜなら、いまは円安だからです。円がドルに比べて安いのですから、普通であれば輸出が伸びて当然でしょう。しかし、現実はそうならず、輸入超過になっています。
　この原因はなにかと考えると、輸出企業が日本から出て行ったまま戻ってこないことに尽きるでしょう。
　これが数年前の円高の状況であれば、人件費の安いアジア諸国に工場を移転してコストカットをはかるというのは理解できます。
　しかし、円安になっても企業が戻ってこないのは、日本が輸出企業を優遇する環境を整備してこなかったからです。日本の関税や産業構造に問題があるということです。
　これはまさにTPPが風穴を開けようとしている、関税及び非関税

障壁の問題であり、この問題が放置されたままになっているために、日本企業は日本に戻ってこようとしないのです。

　私がTPPの推進に賛成する理由は、この問題を解決できるからです。関税を撤廃し、産業構造を変えていけば、日本は再び、輸出力を向上させ、貿易大国となることができるでしょう。

　国内の企業が世界市場で戦える力を身につけるとともに、海外に出て行ってしまった輸出企業を日本に戻して、産業全体を底上げしていく。これこそ、現在の低迷した日本を救う道です。

　国民全体の需要を上げ、賃金も上昇するための最良の方法なのです。

「日本は内需の国だから、貿易に頼る必要はない」への反論

　ただし、こういう話をしても、なかなかTPP反対派は納得してくれません。「そもそも日本は内需の国であり、貿易に頼る必要はない」と主張します。

　彼らは、「輸出に頼っていたのは昭和30年代の高度成長期の話であり、いまは輸出などしなくても、国内で消費できてしまうので自由貿易協定などに参加する必要などない」と言います。その証拠として、GDPに占める輸出の割合が15％しかないことを挙げ、日本はもはや輸出国ではないと断じます。

　しかし、彼らは大きなことを忘れています。

　貿易は輸出だけではなく、輸入もあります。いくら内需の国だといっても、エネルギーや材料を輸入して、加工することには変わりません。

現在、化石燃料などの燃料輸入は毎年20兆から30兆円、食料輸入は5兆円から7兆円となっています。また、ここ数年は医薬品の輸入量が急激に伸びていて、毎年1兆5000億円にものぼります。
　これら燃料、原材料、食料、薬といったものを買うための外貨はどこで稼ぐのでしょうか？　輸出する以外にないではないですか。
　いやいや、海外投資による貿易外収支がある、と言う人もいます。もちろん、そのおかげで現状はトントンになっています。
　しかし、それでは投資に回る資金が出てきませんし、資金の還流もあります。このまま貿易赤字が進んでいけば、いつかは貯金もゼロになってしまいます。
　そうなる前に、なにか手を打つべきであることはいうまでもありません。私はその手がTPPだと言っているのです。
　いまの日本をよく見てください。多くの日本企業が国内投資を手控えています。内部留保ばかりし、設備投資や従業員の賃金を上げようとしていません。これを放置しておけば、ますます国内投資は減る一方です。
　そうならないためにTPPが必要なのです。
　TPPによって世界の国々と密接な関係を結んでいけば、企業は海外投資と同時に日本への投資も増やすのです。

TPPに対する懸念を省庁にぶつけたり、自分で研究した

　TPPは巷間いわれるような悪いものでは決してありません。
　その逆に、積極的に活用していけば、太平洋アジア共同体まで見え

てくる、大きな可能性を持つ経済連携協定です。

その一方で、TPPは関税をゼロにし、非関税障壁をなくしていくため、痛みが伴うものであることも確かだといわれます。

しかし、その痛みは、実は国内で既得権を握っている、各種の団体であることが多いのです。その具体例についてはすでに多くの本が出ていますから、そちらを参考にしていただきたいのですが、いずれにせよ、「国内産業への影響や制度の変更などが起きるのではないか？」と心配している方々が多いのも理解しています。

TPPが将来的には素晴らしいものであっても、現在の生活が変わってしまう、あるいは仕事に悪影響が出てしまう、といったものであったら、誰だって賛成したくはないでしょう。もちろん、私もTPPがそんなものであるならば推進しようなどとは思いません。

ですので、私は、昨年TPP条約の条文が出てから、皆さんが懸念するTPPの疑問を各省庁にぶつけたり、自分でも研究してきました。

ここで、その内容を紹介したいと思います。

アメリカで遺伝子組み換え表示が禁止されたのは理由があった

食の安全の問題でいえば、代表的なのが、遺伝子組み換え食品に関するものでしょう。多くの方々が遺伝子組み換え表示の問題を懸念しています。

現在、日本では遺伝子組み換え作物を使用していない食品には、「遺伝子組み換えでない」という表示をすることができます。

ところが、アメリカでは州によってこの表示ができないところがあ

ります。もしもTPPが入ってきたら、日本にもそのルールが適用されるのではないか？　こういった懸念を多くの人が持っています。

もしも、そんなことになったら私だって嫌です。

ですので、真っ先にここを調べました。

そもそもアメリカで遺伝子組み換えの表示が禁止になった経緯ですが、遺伝子組み換え作物を作っている農業企業が、食品にそんな表示をするのは不当だと州に訴えたのがきっかけです。州はその訴えを受けて、州民による投票を行い、結果、農業企業が勝ったので表示は禁止になりました。

つまり、表示を禁止にした州は、そこに住む人たちが納得しているわけです。実は、こうなった結果には裏があります。

表示が禁止になった州は農業関係者が強い州ばかりなのです。

アメリカの農業はすでに遺伝子組み換え作物がほとんどです。ですから、「遺伝子組み換えでない」という表示は、農業関係者にとってはありがた迷惑なのです。

ですから、農業関係者が票集めをして、「遺伝子組み換えでない」という表示は不当表示だという採決になるように動いていたのです。

実際、消費者が強い州では、農業関係者が強い州とは逆に「遺伝子組み換えでない」という表示をするようになっています。

ただし、ここで誤解のないように言っておきたいことは農業関係者とは農家の方々のことを指すわけではありません。アメリカでは、個々の農家というよりも巨大な農業企業があり、農業企業の圧力が強いのです。こういった企業の思惑によってアメリカの農政が動いていることに問題があるのです。

さて、TPPでもアメリカの巨大農業企業の意向は強く働いています。

これに抗すべく、日本は交渉を頑張ったようです。

内閣官房が提出したTPP協定における食品安全関係分野の資料には、「第7章　衛生植物検疫章」にはっきりこう書いてあるのです。

「科学的な原則に基づいて、加盟国に食品の安全（人の健康又は生命の保護）を確保するために必要な措置をとる権利を認めるWTO・SPS協定を踏まえた規定となっており、日本の制度変更が必要となる規定は設けられておらず、日本の食品の安全が脅かされるようなことはない」

つまり、政府は「日本の制度変更が必要となる規定は設けられておらず、日本の食品の安全が脅かされるようなことはない」と断言しているのです。

もちろん、今後も監視を続けていきますが、日本の制度を変えるようなものは基本的にTPPではできないようになっていますから、そこは安心していいと思っています。

TPPを利用して、米国州政府などの調達に風穴を開けるべき

かんぽ生命保険や郵便貯金が狙われているともいわれますが、それも杞憂です。正確にいえば、狙っていたのですが、杞憂に終わるだろうと予想できるのです。

実は、私は2012年に郵政民営化担当副大臣に任命されて、郵政民営化法等改正法を担当していました。その際も日米構造協議の時のよ

うにアメリカ企業の横槍がかなり入ってきました。それは、郵政すべてを民営化しろという圧力でした。

　もちろん、アメリカにそんなことをいわれる筋合いはありませんから、私は全部突っぱねて、かねてからの予定どおり、政府が3分の1の株を持つようにしました。

　ところが、これが発表されると、在日米国商工会議所（ACCJ）のトップが私の事務所にやってきたのです。ACCJとはアメリカ企業の利益を代表する団体です。

　そのトップがなにを言うのかと思っていると「あんなことは認められない」とまくし立てるのです。要は、なぜ、郵政全部を民営化しないのか、と怒っているのです。

　開いた口が塞がらないとはこのことです。私は、至極冷静に「あなたはご自分でなにを言っているのかわかっていますか。それは内政干渉ですよ」と告げると、さすがに言い過ぎたと思ったのでしょう、真っ赤な顔をして黙り込みました。

　これでわかるように、郵政民営化の頃から、アメリカ企業は郵便貯金を狙っていたことは間違いありません。

　しかし、逆にいえば日本もその頃から対策を練ってきたということです。

　それがアメリカの保険会社アフラックのがん保険を郵便局が売ってあげるという現在のスタイルです。企業同士の提携という形にして、アメリカ企業の意向も酌みながら、郵政も守るという形を構築したわけです（巻末付録❶参照）。

　このおかげで、いまやアフラックは売り上げの7割以上が日本からのものになっています。日本にとってアフラックはなくてもいい企業

ですが、アフラックは日本がなければ成立しない企業になっているのです。

実際に2016年1月にかんぽ生命は「再保険」の引き受け業務に参入することを発表しましたが、このパートナーはアフラックといわれています。TPP署名直前にあえて発表された感があります。なお、再保険とは保険会社が危険分散のために、自社で引き受けた保険のある割合を他の保険会社に引き受けてもらうことです。

ですから、かんぽに関する対米交渉は、アフラックが日本を守る格好にいまなっている面もあるのです。

ちなみに、アフラックのトップは、当時、ACCJのトップでした。あの時、怒っていた彼が、いまは日本市場を守る側になっているのは面白いものです。

政府調達の問題にしてもそうです。

反対派は、「公共事業を海外の企業にも開放しろ、というゴリ押し要求をしてくるはずだ」と主張しますが、実は日本は何年も前からすでに海外の企業に市場開放しています。ですから、TPPで政府調達の項目が入っても、これまでと変わりありません。

逆にTPPを利用して、アメリカ州政府などの調達に風穴を開けることをやるべきです。2015年10月にシンガポールのTPP交渉代表（局長クラス）と打ち合わせをしましたが、彼女（女性局長）はTPPを使い、いかにアジア太平洋の市場に進出するかだけを考えていました（攻めだけを考えているのは、国内市場がほぼない国の強みかもしれません）。

ISDS条項は毒素条項ではない

　ISDS条項の問題にしても誤解があります。
　まず、ISDS条項とは、TPP締約国で海外の投資家と投資受入国の間で投資に関する紛争が起きた場合、投資家は世界銀行傘下の投資紛争解決国際センター（ICSID）もしくは国際連合国際商取引法委員会（UNCITRAL）に紛争解決、仲裁を付託できる制度です。
　これのなにが問題なのかというと、アメリカの投資家つまり、アメリカ企業が仲裁を選択した場合、相手国となった国はほとんど負けてしまうということです。それも、仲裁を訴えた企業の言い分は、相手国内の法律を無視する理不尽で身勝手なものばかりだということで問題視されています。
　一例を挙げましょう。これはアメリカとカナダ、メキシコで結ばれた北米自由貿易協定（NAFTA）で締結されたISDS条項に従って、アメリカ企業がメキシコ政府を訴えた事例になります。
　アメリカ企業はメキシコ中央政府から廃棄物の埋立事業の許可を受けていた現地企業を買収し、産業廃棄物処理場をメキシコの地方区に建設しようとしました。
　ところが、地元住民による処理場建設反対運動が起き、地方政府が建設許可を取り消したため、アメリカ企業がICSIDに仲裁を依頼したのです。その結果、メキシコ政府が負けて1670万ドルの賠償金を払わされることになりました。
　確かに、これだけを見れば、ISDS条項は毒素条項（自国に不都合な影響を及ぼす条項をこう呼ぶ）といっても間違いないでしょう。住民

が自分たちの住む環境を守ろうとしたのに、他国の企業の利益が優先されるのがISDS条項だからです。こんな理不尽がまかり通るのであれば、私だって反対します。

しかし、この時の仲裁の資料を取り寄せて読んだところ、少しニュアンスが違うのです。ICSIDがなぜメキシコ政府に賠償金を命じたのかというと、産業廃棄物処理場建設の許可が不当に取り消されたからです（巻末付録❷参照）。

アメリカ企業は、メキシコ政府の許可がおりたから建設を進めていたところ、地方政府がその許可を突然取り消して、メキシコ政府もそれを黙認しようとしたため、企業側は仲裁を提訴していたのでした。

反対派はこの仲裁を環境問題やアメリカ企業のゴリ押しのごとく言っていますが、元凶はメキシコ政府の杜撰な行政のほうにあったのです。この仲裁でメキシコ政府が負けるのは当然ではないでしょうか？

アメリカ寄りの裁定がくだされる。アメリカ企業の利益だけが優先され、国内法がないがしろにされる。

ISDS条項には常にこういった批判がありますが、話が誇張されている部分もあるということは理解してほしいと思います。

その上で、改めて考えてほしいのは、世界では一党独裁国家が突然、外国が資本を投下して作った企業を国有化してしまうことだってあるということです。**そういった横暴から企業を守るためにつくられたものがISDS条項です。**

例えば、TPPの締結によって、日本はベトナムやブルネイといった国々への政府調達に参加する予定です。その時、ISDS条項のようなものがなければ、資本を入れた日本企業を守ることができません。

むやみに反対するのではなく、ルールの根本精神を考えてみることも必要でしょう。そうすれば物事の本当のところが理解できるのではないかと私は考えます。

TPPは現状、日本が締約しても大きな問題になるようなものは含まれていません。7年後の条約見直しの際には慎重に対処する必要がありますが、それまでは、むやみにマイナスイメージを持たず、積極的に有効活用していくことこそ得策ではないかと私は思っています。

TPPは活用する方法を練らなければ意味がない

たぶん、TPPは年内にも国会で承認されるでしょう。

そうなった時に、TPPを有効活用するための方策を考えておかなければ、それこそ、他国においしいところを持っていかれてしまいます。

言葉は悪いかもしれませんが、世界経済のパイは早い者勝ちです。先に有効な政策を打ち出し、動いたものが大きな利益を得ることができます。

そもそもTPPに参加しただけでは日本経済が上向くことはないという研究結果もすでに発表されています。

TPPを踏まえて、それを有効活用させていく政策、戦略を練っていかなければ、せっかくの条約も他国だけを利する結果になってしまいます。

ですから、TPPは理解できる人だけでもいいので、一刻も早く、これを活かす道を模索していくべきでしょう。

TPPを支えるフラグメンテーション理論

　では、TPPを活かす道とはどんな道でしょうか？
　これを考えるために参考になるのが「**フラグメンテーション理論**」と呼ばれるものです。この理論は**自由貿易協定には欠かすことのできない国際分業の考え方の土台を構築するもの**です。
　そもそも自由貿易協定とは、関税の撤廃と非関税障壁の取り外しを締約国が進めていき、自由貿易を促進しながら国際分業を行うことに意味があります。
　関税の撤廃等は第一段階であり、目的は「国際分業」だということを理解してください。各国政府は国際分業のための政策モードを打ち出す必要があるというのがフラグメンテーション理論です。
　同理論に従うと国際分業を成功させるポイントは3つあります。
　第一のポイントは、生産ブロック内の生産コストが低減されること。
　第二のポイントは、生産ネットワークのための固定費用が安価なこと。
　第三のポイントは、オペレーションが開始されたあとの生産ブロックを結ぶ、サービス・コストが低いこと。
　一つ目のポイントである「生産ブロック内の生産コストを低く抑える」とは、フラグメンテーションを行う目的そのものです。先進国と新興国、発展途上国とのネットワークを構築し、賃金水準の差など各国の条件を最大限に活かすことで、低コストの実現を目指します。
　そのためには二つ目のポイントである「生産ネットワークの維持費を低く抑える」必要もありますし、稼働した際には3つ目のポイント

の「輸送費等のリンクコスト」も下げなければなりません。この3つを構築し、維持・充実させていくことがTPPなどの自由貿易協定を有効に稼働させていくための基本になります。

　TPP参加国は現在12カ国ですが、今後、韓国、タイ、台湾、フィリピン、インドネシアが参加する予定です。

　これらの国々が生産ネットワークや輸送のためのリンクを充実していくことがTPPの成功に不可欠なのです。企業同士だけでなく、各国政府が連携して、規制緩和を推し進めていくことが、国際分業を現実のものにします。

　単に関税や非関税障壁を撤廃していくことだけが、経済連携ではないのです。

　あくまでそれはファーストステップであって、目的は国際分業です。

　これが実現できた時、初めて東アジアに巨大な経済圏、サプライチェーンが誕生するのです。

　高い生産能力と低コスト、しかも、GDPは世界経済の4割を占める。こんな強い経済圏が実現したらEUでも太刀打ちできないでしょう。

　仮に高い生産能力は実現できたとしても、低コストで勝てる経済圏は世界のどこにもありません。また、高付加価値製品については、まさに日本がリードしていけばいい分野でしょう。

　高額高付加価値商品も、低価格高品質商品もどちらにも強みを持っているのが、TPPで結ばれた経済圏なのです。

　こんなに素晴らしいものが完成するか否かは、フラグメンテーションの充実に掛かっているといっても過言ではありません。

国際分業の弱点は先進国の農業に影響が出ること

　これだけ素晴らしい国際分業ですが、ただ一つ大きなデメリットがあります。それは先進国の農業に影響が出ることです。
　関税撤廃によって安い農産物が入ってきた場合、どうしても国内の農業は打撃を受けます。これは自由貿易協定（FTA）、経済連携協定（EPA）を結ぶ上で避けては通れないものです。
　そのため、国内の農業関係者は「日本の農業が衰退する」といってTPPに反対しているのですが、これは**農業者戸別所得補償をすることで防ぐことが可能**です。実はフラグメンテーション理論の中でも先進国の農業に影響が出ることはすでに指摘されており、その対策として補助金等の直接支払いが有効だということは、いわれています。
　この農業者戸別所得補償とは、フラグメンテーション理論の直接支払いに相当するもので、民主党（現・民進党）の鳩山政権の時代に構想されていた東アジア共同体構想（巻末付録❸参照）の中の一つとして法制化されたものです。
　その内容は、コメを中心にほぼすべての農家に一定面積当たりで所得補償を行うものだったのですが、野党の批判を浴びて廃案に追い込まれてしまいました。
　しかし、この制度を使えば、TPPの唯一の弱点である農業対策も手当てすることが可能になりますので、ぜひとも復活させたいものです。

第 2 章

戸別所得補償はフラグメンテーション理論上も合理性を持つ

　戸別所得補償制度の復活にあたっては、それが、もともと自由貿易の維持拡大を理念とするGATT（関税および貿易に関する一般協定）のもとで、先進国が関税に代えて導入すべき措置として推奨していたものであることを、改めて打ち出したいと思います。

　当時からTPPを推進していた民主党では、国内農家の収入減少を救うために出した政策でしたが、これは同時に日本の農業が抱える低収益による農業の担い手の減少、それによる農業従事者の高齢化といった悪循環を断ち切るものとしても機能することを期待していました。

　ところが、この政策は「補助金のバラマキだ、税金のムダ遣いだ」といわれて大反対されました。

　それなのに、当時大反対していた自民党がいまはTPP対策として戸別所得補償とほぼ同じ補助金制度で"バラまき"を行おうとしているのは皮肉です。しかし、そうはいっても戸別所得補償を充実するのがTPP対策の王道であるので、党派を超えて進めていこうと思います。

　バラマキ云々は置いておいて、戸別所得補償等の「直接支払い」は、GATTでも認められ、フラグメンテーション理論においても合理性を持つ有効な施策です。

　農家を保護する政策は他国でも実施しています。アメリカやオーストラリアでは輸出作物に対して高額の輸出補助金を支払っています。

　アメリカやオーストラリアの農業が強いのは、農家の体質もさるこ

とながら、補助金の存在がとても大きかったのです。

「尊農開国」こそがTPPの可能性を活かす道

　TPPの利点は巨大な経済圏の形成だけではなく、先進国の農業問題の解決にも利用できることです。

　フラグメンテーション理論では、先進国の農業が打撃を受けるとされていますが、それは非常に消極的で後ろ向きな考え方です。

　TPPを使って、農業問題を解決していく道を模索できるのではないかと、私は感じています。

　現在の日本の農業には大きな問題があります。それは先ほど指摘した農業の担い手の減少と、農業従事者の高齢化です。これはTPPとは関係なく、日本の農業が現在抱えている大きな問題です。

　これを放っておくと食料自給率はますます減少してしまいます。

　現在、日本の食料自給率はカロリーベースで39％、生産額ベースでは64％です。一方、アメリカは127％、オーストラリアは205％、カナダは258％、ドイツは92％、スイスは57％といった高水準を維持しています。

　日本の食料自給率は世界に比べてかなり低く、農業を奨励する必要があるのですが、日本の現状はといえば離農者が増えるばかりです。

　この解決策には農業従事者の収益を上げることが不可欠なのですが、これまでは効果的な方策を打つことができませんでした。なにしろ、世界の常識でいっても、理論的にいっても正統だと認められている「直接支払い」＝民主党の戸別所得補償が"バラマキ"といわれて潰さ

れたのがかつての日本の政策だからです。

　しかし、これからはもう違います。TPPという自由貿易協定が入ってくることによって、正しい政策とはなにかがわかるはずです。正しい政策とは、フラグメンテーション理論によって支持される、農家の所得を戸別に補償していく「農業者戸別所得補償」です。

　ただし、これだけではTPPを守りに利用しているだけで、攻めの活用には至っていません。

　本当の農業改革とは「農業を儲かる仕事」にすることです。そのためには農業強化支援も必要になってきます。

　それが**農地の集約化と大規模化**です。これは、兼業農家や減反農家など農地が農地として活用されていない土地を集約化し、農地バンクとして登録するものです。

　こうすれば、農地を欲している農業企業や大規模農家にレンタルすることが可能になり、これまで活用されていなかった土地が本来の農地として再生されていくでしょう。

　この政策は、農地が持つ可能性を高め、農家の潜在力を引き出すことにもつながり、高付加価値の農作物生産の実現を促すでしょう。これを世界市場に向けて輸出していくことが攻めの農業といえるものです。

　私はこれを「尊農開国」と呼びたいと思います（なお、この言葉はいまはなき「みんなの党」が2011年に大々的に使った言葉ですが、その前に民主党内部でこの言葉を検討したことがありました。しかし党としてはボツになりました）。

　国民の食料を支える国内農家を尊びつつ、開国によって農業を儲かる仕事にする。

　これこそが、TPPが持つ可能性を活かす道だと確信します。

アニメやブランド品などの知的財産がTPPで保護される

　TPPを積極的に活用できる分野には知的財産（知財）もあります。
　知財の分野は、医薬品の特許の年数が延びたことで非常にマイナスイメージに捉えられています。いわゆる安価なジェネリック医薬品を作ることができず、病人に高額の医療費を負担させることになるという批判です。
　確かに、医薬品の分野では問題があると私は思います。しかし、これは**保険制度等の改正で対応していけばいいでしょう。**
　農業問題の時もそうでしたが、マイナス面ばかりを見るのではなく、積極的に攻めていくことがTPPを活用するためには必要です。
　マイナス部分は国内対策で潰していきながら、利点を活かして国内産業を強くしていくのです。
　そう考えた時、知的財産の中には医薬品以外のものも含まれていることを思い出すべきです。
　例えば、映画や音楽、文学、さらにアニメや各商品に関するキャラクターなど知財の分野はとても広いのです。
　特に、日本はアニメなどの作品が重要な輸出品となっています。クールジャパンの観点からいっても、知財は大きな武器の一つとして積極的に活用していきたい分野です。
　現実問題としてアジアでは現在、アニメやキャラクター、ブランド品などの知財が守られていません。特に中国や韓国、タイやインドな

どではコピー品が横行しています。

　これらの財産や権利を守ることは日本としても急務の問題です。今回、TPPによって知的財産が守られる道がついたことは大きなメリットということができるでしょう。

　このように、TPPには大きなメリットがあります。

　マイナス意見に引きずられることなく、正しく理解していけば、日本を再び貿易立国に導くきっかけになるものなのです。

今後懸念されるのが国会の承認

　2016年2月4日にTPPの協定文が署名され、正式合意に至りました。これから各締約国が条約の批准(ひじゅん)をし、国会で承認されてTPP発効というのが大まかな流れになります。

　ただし、発効までの道筋は一筋縄ではいきません。大筋合意から2年以内に承認されない時は合意が無効になってしまいます。

　最も懸念されるのが国会の承認です。

　日本でも大きな議論を呼ぶことでしょう。

　自民党、公明党、民主党は基本的にTPPには賛成ですから、日本ではなにもなければ年内のうちに内閣の批准、国会の承認へと進んでいくでしょう。

　ただし、今年（2016年）の夏に参議院選挙があります。この前にTPP承認に動くことはないのではないでしょうか？

　誤解とはいえ、反対意見が多いTPPを選挙の争点にするのは、与党はしたくないでしょう。個人的にはTPPを争点にするべきだと思

いますが、衆参総選挙の可能性もある状況では難しいでしょう。
　また、TPPの批准に関してはアメリカも揺れています。
　アメリカでは今年、大統領選挙があり、必要以上に国民の目を気にする必要が出ています。TPPに関していえば、日本同様、反対意見が多いのも確かです。
　安価な輸入品によって米国経済が打撃を受けるといったものや、ISDS条項で国内法が多国籍企業に曲げられてしまうという理由です。
　日本の反対派と同じく、多国籍企業の暗躍が警戒されてもいます。
　そういった状況ですから、なかなかTPPに賛成とはいえず、共和党の大統領候補の一人であるドナルド・トランプ氏も、民主党の大統領候補であるヒラリー・クリントン氏も、2016年3月現在でTPPには反対の立場です。
　細かな理由ですが、共和党としてはオバマ大統領の花道をTPP承認といったもので飾ってあげる義理はないとも考えているようです。
　ですから、共和党も民主党も大統領選挙が終わるまではTPPに触れることはしないでしょう。
　私の予想では、アメリカ大統領選挙と連邦議員選挙が終わった11月、いわゆるレームダック（脚の悪い鴨を指し、転じて任期終了を間近に控え、政治的影響力を失った大統領の意味）会期中にTPPの承認が行われるのではないかと踏んでいます。
　いずれにせよ、発効するまでにはまだまだ時間がかかります。その間に、どのようにすれば、TPPをうまく機能させることができるのか、国内の構造改革も含めて、他国に先んじて対応した国が最も大きな利益をあげられるでしょう。
　私はその国が日本であってほしいのです。

労働やエネルギーに関する規制緩和と農業対策は必須

　最後にTPP大筋合意の各種データを見ていきましょう。

　政府は昨年末、TPPの条文が公開されたことを受けて、経済効果の試算結果を出しました。それによりますと、貿易拡大による生産性の向上で実質GDPは2.6％、金額にして約13.6兆円の上昇が見込まれています。

　2年前に出した政府試算と比べると4倍の経済効果になっています。新たに生まれる雇用は80万人という数字が出ています。

　その一方で、農産物への影響は最大2100億円の減少と見積もっています。2年前の試算では6兆8000億円の減少でしたから、10分の1以下になっています。

　この数字についてですが、各メディアとも見通しが甘いと批判しています。

　2015年12月25日付の朝日新聞には以下のような記事が出ています。少し長くなりますが、引用してみます。

　「TPPでは農林水産物全2328品目の8割の関税が撤廃される。農林水産省はこのうち関税率が10％以上で、国内生産額が10億円以上の33品目について影響を試算した。

　米豪に計約8万トンの輸入枠を設けることになった主食のコメは、流入分と同量を政府が買い取り備蓄するため、『生産量や農家所得に影響は見込みがたい』として生産減少額はゼロとした。関税が発効16年目までに38.5％から9％に低下する牛肉は、安い乳牛向けの

品種で最大17％価格が下がり、生産額は全体の1割にあたる最大計625億円減る、などとはじいた。その結果、農林水産物の生産額は計約1300億〜2100億円減ると見込んだ。

　だが、試算した33品目の生産量については、政府による国内対策によって『引き続き生産や農家所得が確保され、国内生産量が維持される』と結論づけた。前回の試算で27％に減ると見込んだ食料自給率（カロリーベース）も、コメや家畜が食べる飼料穀物の消費に大きな影響がないことから、14年度の39％を維持できると見積もった。

　現実には、コメの消費量は食生活の変化で年8万トンペースで減っている。試算ではこうした社会的な情勢変化は考慮されていない。関税撤廃率の大きい肉などの加工品の流入についても、『輸入の加工品と競合するのは、輸入の豚肉だ。国産の豚肉消費には影響しない』（同省生産局）として、計算に入れなかった。自民党の農林族議員からは『強気すぎる。野党から追及を受けるのではないか』との声が出ている。

　大泉一貫・宮城大名誉教授（農業経営学）は、『TPPの影響だけをみた試算で、現実ではあり得ない数字だ』と指摘。『いずれにせよ日本の農業は危機的状況にあり、大きな改革が必要なことも農家に説明するべきだ』と話した」

　私も政府の見積もりは楽観的だと思います。マイナスはマイナス面としていまからしっかり考慮していかなければ、せっかくのTPPも誤解されたままです。加えて正しい対策も打つことができないでしょう。

大泉一貫教授も指摘するように「日本の農業は危機的状況にあり、大きな改革が必要なことも農家に説明する」ことも重要です。説明して、農家に対する戸別補償を急ぐということであれば、必ず、理解されるでしょう。
　政府も経産省も甘い試算でお茶を濁すのではなく、いまこそ、しっかりした農業対策、農家保護を行うべきです。
　先ほどの朝日新聞と同日に発行された毎日新聞の記事は、TPPを積極的に捉えたものになっているので、こちらも紹介したいと思います。
　同記事では、TPPをいち早く成長のバネに使おうとしている繊維メーカーをレポートしています。

　「現実に、TPPを成長のバネに使おうとする動きも出ている。TPP参加国ベトナムの国有企業と業務提携している繊維メーカー、ソトー（愛知県一宮市）は『北米や豪州向けの輸出を増やしたい』と意欲的だ。日本で商品企画やデザイン、高付加価値商品の生産を続ける一方、人件費の安いベトナムで汎用（はんよう）商品を生産して輸出する計画を進めている。拠点ごとの役割分担を明確にして競争力を高め、経営効率化や販路拡大を目指す。政府が目指すTPPの好循環とも合致している。
　そんな同社でも、賃上げや雇用増については『そんなに簡単にいかないのでは』と疑問を呈する。
　三菱総合研究所政策・経済研究センターの森重彰浩研究員は『TPPが発効しさえすれば経済効果が出現するというものではない。雇用の流動性を高める改革や、産業の新陳代謝を活発化させる施策

などが必要だ』と指摘する。投資を呼び寄せて雇用創出や技術革新を図るには、労働規制などで身を切る改革も迫られる。
　第一生命経済研究所主席エコノミストの永浜利広氏は『所得向上などにつながる経済の好循環が作用するとした点には過大評価も含まれると思われるし、ルール分野の効果が限定的にしか織り込まれていない点は反対に過小評価とも言える。数字よりも大切なのは、TPPの効果は協定が発効しただけでは表れないということだ。TPPで環太平洋地域のビジネス環境が平準化されても、労働規制や法人税やエネルギーコストの高さなど日本特有の規制が緩和されなければ、貿易や投資の拡大につながらない』」

　TPPを積極的に活かそうという企業も、研究者も、TPPを評価しながらも、「TPPの効果は協定が発効しただけでは出現しない」と断言しています。
　労働やエネルギーに関する規制緩和と農業対策は必須なのです。
　私たちは、TPPは打ち出の小槌(こづち)ではなく、単なる道具であることを忘れてはいけないでしょう。
　どんな特徴があり、それをどう利用して日本経済を強くしていくか。そのための具体的な施策が大切なのです。
　揚げ足取りや消極的思考で、せっかくのチャンスを潰すことのないように、TPPを活用する。これがいまの政治家に課された義務だと私は思っております。
　強い日本の復活を。
　平和なアジアの訪れを。
　私はTPPでそれを実現していきたいとここに宣言いたします。

エピローグ

　私には夢があります。それは2050年までに、「アジアの国境をなくす」ということです。
　このようなことを言うと、多くの人から、そのようなことは不可能ではないかとよく言われます。しかしながら、私にはアジアの統合は必然であり、その動きに自分がどのように関与するかが大きな課題になっています。
　アジアの国境をなくすことを思い始めたのは通商産業省（現・経済産業省）に勤務していた1990年代末でした。その時、私は政府の研究開発の国際協力を担当する部署におり、EU（欧州連合）との交渉を行っていました。
　EUとの担当者との打ち合わせが終わり、食事をしていた時に「なぜ、欧州連合をつくったか」との話になりました。私のEUのカウンターパート（交渉相手）は「それは戦争をなくすためだ」と明瞭かつ簡潔に答えたのでした。彼は「欧州は第一次世界大戦で2000万人、そして第二次世界大戦では3000万人の尊い人命を失った。このような戦争を二度としないために50年以上の歳月をかけて、国境をなくしてきた」と言うのです。
　私は、EUの一職員の声に強い印象を受けました。そして欧州が進めたこの平和への取り組みをアジアでも行う必要があると強く感じたのでした。
　それは、私の母は長崎に落とされた原子爆弾の雲を見ており、そして父は戦争が終わり台湾から命からがら日本に逃げ帰り、そして

飢え死にに直面しながら生き抜いたからでした。両親の戦争体験を聴きながら、どうしたら戦争がない社会ができるだろうかと幼いながらも考えていました。

さて、アジアの国境をなくすことについては、多神教的な価値観を持ち、農作物が豊かなモンスーン気候にあるアジア諸国は、宗教などの違いはあるものの、欧州連合とは違った統合ができると考えています。それは経済的な統合というよりも個々のアジア人がコンテンツや文化を通じてコミュニケーションを広げていくことから始まるのかもしれません。

それは現在の西洋的な価値観に基づく制度設計ではなく、アジア的な価値観に基づく制度をつくり上げ、共有していくことにつながっていくと思います。そして、日本はその中心に立つべき国だと確信しています。

日本はアジアの中で先駆けて、経済成長を実現し、社会保障制度を構築し、公害等環境問題を克服し、高度な技術力を身につけてきました。これらをアジア諸国に伝えることができますし、また、少子高齢化やエネルギー環境問題への対応など日本が直面する課題は、次にシンガポール、韓国、台湾などが直面する課題となります。

これらの課題も日本が他国に先駆けて克服していかなければならず、その克服した経験をアジア諸国に伝えていくことになります。

今回、FTA（自由貿易協定）、TPP（環太平洋戦略的経済連携協定）を中心とする研究を行ったのも、アジア統合の一番大きなツールがFTAであり、その最も具体化されたものがTPPであると考えるからです（当然のことながら、文化情報の交流、学生の交流なども重要です）。

今後、さまざまな壁があると思いますが、世界の経済は徐々に統合に向かって進むと思います。そのためにも、FTAを日本の政策としてどのように位置づけるかが問われています。短期的なメリット・デメリットだけの議論でなく、長期的なそれも大きな流れを見越した上での対応をとらなければ日本の未来は非常に暗いものとなると思っています。
　アジア統合というものは、ただ単に私一人の夢というわけではありません。また、アジア諸国のためだけでもありません。それはまさしく日本のためにあります。

　以上の文章は、私が2013年に書いた早稲田大学大学院アジア太平洋研究科、浦田秀次郎ゼミでの博士論文の冒頭の部分です。
　プロローグでも書きましたが、私はアジアを統合して、この地域から紛争をなくすことを夢見ています。そして、世界から戦争をなくすことが私の最終目標です。
　私はこれを本気で考えています。
　もちろん、多くの批判があることはわかります。
　政治家ならば、もっと現実を見て、現状を変える効果的な対策のために動くべきだと指摘されることもしばしばです。
　ある方には「アジアの国境をなくすというが、アジアの状況をよく見てみろ。それは北朝鮮を信用し、一体になるということだぞ。キミはそんな無責任なことを言うのか」とおしかりを受けたこともありました。
　もちろん、私の答えは「北朝鮮は信用しません」でした。
　その方は、それみたことか、という顔をされましたが、続けて私は

「信用しませんが、北朝鮮の国民は信用します」と言いました。

　そうです。私は北朝鮮という国は信用できませんが、北朝鮮に住む人々は信用できると思っています。いえ、信用できるように、積極的に関わっていくべきだと思っているのです。

　なぜなら、私の政治家としての信条は日本国憲法の前文にあるからです。

　それほど長くないので、ここに前文の全文を掲載します。

　　日本国民は、正当に選挙された国会における代表者を通じて行動し、われらとわれらの子孫のために、諸国民との協和による成果と、わが国全土にわたって自由のもたらす恵沢を確保し、政府の行為によつて再び戦争の惨禍が起ることのないやうにすることを決意し、ここに主権が国民に存することを宣言し、この憲法を確定する。そもそも国政は、国民の厳粛な信託によるものであつて、その権威は国民に由来し、その権力は国民の代表者がこれを行使し、その福利は国民がこれを享受する。これは人類普遍の原理であり、この憲法は、かかる原理に基くものである。われらは、これに反する一切の憲法、法令及び詔勅を排除する。

　　日本国民は、恒久の平和を念願し、人間相互の関係を支配する崇高な理想を深く自覚するのであつて、平和を愛する諸国民の公正と信義に信頼して、われらの安全と生存を保持しようと決意した。われらは、平和を維持し、専制と隷従、圧迫と偏狭を地上から永遠に除去しようと努めてゐる国際社会において、名誉ある地位を占めたいと思ふ。われらは、全世界の国民が、ひとしく恐怖と欠乏から免かれ、平和のうちに生存する権利を有することを確認する。

われらは、いづれの国家も、自国のことのみに専念して他国を無視してはならないのであつて、政治道徳の法則は、普遍的なものであり、この法則に従ふことは、自国の主権を維持し、他国と対等関係に立たうとする各国の責務であると信ずる。
　日本国民は、国家の名誉にかけ、全力をあげてこの崇高な理想と目的を達成することを誓ふ。

　特に重要だと思うのは「日本国民は、恒久の平和を念願し、人間相互の関係を支配する崇高な理想を深く自覚するのであつて、平和を愛する諸国民の公正と信義に信頼して、われらの安全と生存を保持しようと決意した」の部分です。
　「戦争を放棄した日本はどのようにして平和を維持していくのか？」という命題に対する答えがこのくだりだといわれています。
　私たち日本人は、「平和を愛する諸国民の公正と信義に信頼して」国を守り、平和を維持すると誓った人間なのです。
　もちろん、それを批判する人が多いのもわかっています。紛争やテロが絶えない現実の世界で、他国の公正さや信義を信頼するのは無責任だという批判です。
　当然だと思います。それは夢見がちにもほどがあるものだと思いますし、他国を簡単に信用するのは政治家としても慎むべきでしょう。
　しかし、だからこそ、私は「平和を愛する諸国民の公正と信義に信頼したい」と思うのです。
　私が信用するのは「諸国」ではなく、「諸国民」です。北朝鮮という国ではなく、北朝鮮の国民なのです。
　諸国民の公正と信義にならば信用がおけるのではないでしょうか？

エピローグ

　この世界のどこに、戦争大賛成、平和など必要ないという国民がいるでしょうか？

　世界には独裁国家や一党が支配する国があります。そういう国家はやはりなかなか信用することはできませんし、政治家ならばおいそれと信じるべきではないと理解しています。

　しかし、国民は違います。

　どんな国の国民であっても、平和を愛し、紛争を嫌うはずです。私は、そこに信頼をおくのです。

　そして、国民を信じることは政治家として最も大切な資質です。

　国民を信じて、平和な世界の実現のために働く。私はそのために生きているのです。

　そのために、今回、名前も変えました。

　私は今年から本名・藤末健三、政治家名・アイアン・フジスエで活動していこうと思っています。

　この名前は、私がアメリカ留学中にボクシングジムに通い、プロのライセンスを取った時につけたリングネームです。

　もともとボクシングのスタイルが似ているアイアン・マイク・タイソンにちなんでつけたものですが、いまは、鋼鉄の意志を貫くための名前がアイアン・フジスエだと考えています。

　私は本書でTPP賛成を表明しました。それは同時に、多くの批判にさらされることを意味しているでしょう。

　TPPには大きな反対があります。反対者の中には、巨大な利権団体があることも知っています。

　知っているどころではありません。民主党が与党だった時に肌で感じています。

TPPを推進していた時、インターネットの掲示板などにどれほど悪口を書かれたことか。賛成派だった政治家仲間も、こまかな攻撃を受けたと聞いています。
　そもそもTPPを日本で最初に推進したのは民主党でした。なぜ自民党ではなく、民主党だったのかといえば、TPPと農業改革はセットだからです。
　本書の中でも説明していますが、自由貿易協定は農産物の価格を下げてしまいます。そのため、自国の農家を保護することはどこの国でもやっていることです。
　ですから、民主党はTPPを進めると同時に戸別補償金を直接、各農家に配る法律を整備したのです。TPP対策はもとより、これによって農家の所得が安定し、後継者問題もなくなり、食料自給率も上がることを期待しました。
　ところが、これは反対運動が起きて廃案になってしまいます。
　なぜ反対運動が起き、農家の方々が怒るのかといえば、農家と政府の間で中間マージンを取っている団体があるからです。直接支払制度では、その団体に利益が入らないのです。
　TPP推進をにらみながらの戸別補償制度は、そういった団体の反対運動によって潰されてしまったのです。
　当時、TPP推進派であった私は、その団体からさまざまな圧力を受けました（当時、私は民主党のTPPプロジェクトチームの事務局に属していました）。
　私だけではありません。民主党議員のほとんどがなんらかの接触を受けたと耳にしています。当然、TPPも遅々として進みませんでした。
　そんな苦い経験があるのです。

ですから、今回、TPPを大筋合意にまで持っていった安倍政権は正直に素晴らしいと思います。多くの反対があったことは容易に想像できますし、それに負けなかった信念には敬服します。

民主党が始めたことを自民党が成就してくれたのです。これは党を超えて感謝すべきところでしょう。

しかし、感謝してばかりもいられません。

私もこれから戸別補償制度の復活も含めて、TPPの承認を後押ししたいと思っています。

TPP賛成を本書によって宣言した私は、再び、反対派の標的になるでしょう。さまざまな場所、さまざまな言葉で叩かれるはずです。

しかし、私はそれに負けずに活動していく所存です。叩かれたら、それを糧にするような強さ、鋼鉄の強さを身につけて、行動していきます。

ですからアイアンなのです。叩かれても、叩かれても折れず、ますます強くなっていく鋼のような姿勢で政治道をいく。

そんな決意がこの名前にはあります。

今年、私は戦います。自分の信条を貫く鋼鉄の男となって。

2016年1月17日　アイアン・フジスエ

巻末付録❶

アフラックと日本郵政との提携に関する資料

　アフラックと日本郵政との提携にTPPがどのような影響を与えたか？　その背景を知っていただくために、私のコメントを挟みながら、いくつかのメディアから記事を引用する。

「郵政・アフラック提携　がん保険共同開発」
（2013年7月25日付、日本経済新聞）

〈日本郵政は米保険大手のアメリカンファミリー生命保険（アフラック）とがん保険事業で提携する。今秋以降、全国2万の郵便局でがん保険を販売するほか、アフラックと専用商品を共同開発する。従来検討してきた日本生命保険との独自商品開発は撤回する。政府が環太平洋経済連携協定（TPP）交渉に正式参加する中で、がん保険の凍結を求めてきた米側に配慮した〉（以上リード文）

〈アフラックは日本で約1500万件のがん保険契約を持つ「第三分野」保険の最大手。日本郵政は今秋から順次、簡易郵便局を除く全国2万の郵便局と、かんぽ生命の約80の直営店舗でアフラックの商品を販売する。
　日本郵政は少数の郵便局を通じて、他の民間保険の医療保険や変額年金も取り扱っている。アフラックのがん保険も約1000局で扱ってきたが、

全国2万の郵便局で販売するような広範囲な提携は初めてとなる〉

　かんぽ生命は2008年に日本生命保険と提携し、がん保険の独自開発を模索してきたが、アフラックとの提携により、その路線は撤回することになる。
　引用を続けよう。

　〈日本郵政がアフラックとの提携にカジを切る背景には、TPPに関する日米交渉がある。米側は4月までの事前協議で、「政府が出資する日本郵政グループが自由に新商品を出せば公正な競争を阻害する」と主張していた。
　23日の日本政府のTPP交渉への正式参加を受け、日米両政府は保険などの非関税分野について、2国間交渉を始める予定。日本郵政の新規業務進出問題がくすぶり続ければ、円滑な交渉の阻害要因になる恐れがあった。日本郵政グループが独自開発を見送り、米保険大手の商品を全国的に販売することで、米側の保険分野での懸念はひとまず解消する見通し〉

　なお、日本郵政の西室泰三氏は以前は日本政府の郵政民営化委員長を務めていたが、その当時、アメリカに配慮し、がん保険の新規業務申請を認めない方針を示していた。西室氏が社長を務める日本郵政（2016年3月に西室氏は社長を退任すると報じられた）がアフラックとの提携路線を選んだのも、当然の流れだったのかもしれない。

「保険市場、米と共存」
（2013年7月25日付、日本経済新聞）

　〈日本郵政と米アメリカンファミリー生命保険（アフラック）との提携は日本政府が23日に参加した環太平洋経済連携協定（TPP）交渉と密接に関係する。米政府は「保険市場の公平な競争環境の整備」を要求。政府傘下

のかんぽ生命保険は新規事業参入が難しくなっていた。日本郵政は米国勢を抱き込んで日米交渉の進展につなげ、自らの収益機会も広げる両立策を選んだ〉

　TPPの本交渉と並行して進められる日米協議で、アメリカ政府は引き続き、かんぽ生命の新規事業凍結などを求めてくる懸念があったと記事は書く。引用を続けよう。

〈TPP交渉での日本の懸案は農業分野の市場開放交渉。とりわけコメや牛肉など重要品目の関税撤廃を避けたい日本政府は、米国との共同歩調を強める必要があった。保険の日米提携の背景には、TPP交渉の参加早々に保険交渉を打開し、日本に有利に本交渉そのものを進める狙いがある〉

　アメリカ政府が日本と保険協議を求めていたのは、日本の保険市場においてアメリカ側が特殊な立ち位置になっていることが背景にある。
　日本の生保の市場は40兆円と米国に次いで世界2位。死亡時に保険金が支払われる「生命保険」は日本勢が高いシェアを誇るが、医療保険などの「第三分野」は外資が強い。中でもがん保険は米国勢が計8割を占める事態になっていた。

〈アフラックは営業利益の8割、米プルデンシャルも同5割弱を日本で稼ぐ。日本郵政は日本生命保険と組んで独自のがん保険を販売する計画だったが、2万カ所の拠点を持つ郵便局が参入すれば米国勢の寡占市場に大きな穴が開く可能性があった〉

　1970年代に国内市場の外資参入が一部解禁されたが、日米の保険摩擦はそれ以降も続いた。海外勢に医療保険などの「第三分野」を解禁し、国内大手にはその事業を制限して、事実上、外資系の独占市場としてきた。
　日米保険協議ではその後も第三分野への国内勢参入をめぐってあつれきが続き、2001年にやっと全面解禁された。

「郵政・アフラック提携発表　TPP交渉に追い風」
（2013年7月27日付、日本経済新聞）

〈日本郵政は26日、米アメリカンファミリー生命保険（アフラック）とがん保険事業で提携すると正式に発表した。西室泰三社長は同日の記者会見で「新しいことができる可能性を内心期待している」と述べ、医療保険などへの提携拡大に意欲を示した。アフラック首脳は環太平洋経済連携協定（TPP）での日米交渉に好影響を与えると明言した。日米の金融大手同士の提携は今後の日米交渉にも追い風となる〉（以上、リード文）

〈米国はTPPの事前協議で「政府が出資する日本郵政グループが自由に新商品を出せば公正な競争を阻害する」と主張していた。
　元米通商代表部（USTR）日本部長で現在はアフラック日本代表のチャールズ・レイク氏は会見で「国有企業の日本郵政と民間企業のアフラックが提携することは国際社会で意義深い事例として評価される」と主張。「政府間の交渉とは直接関係はないが、（日米交渉に）良い影響がある」と明言した。西室氏も日米間の懸案の解決に役立つという思いがあったのかと問われ、「結果的にそういうことはあったかもしれない」と答えた〉

　アメリカは日米保険協議で、死亡保険や自動車保険など日本の生保・損保が強い分野で規制緩和を求めてきた。その一方で、がん保険など「第三分野」では外資の保護を求めてきた。
　かんぽ生命保険のがん保険参入に反対しながら、その裏で、アメリカの保険会社は郵便局という巨大なマーケットを手に入れようとしたわけだ。日本郵政とアフラックの提携で、アフラックとメットライフアリコの米国勢が約8割のシェアを握るがん保険の分野は外資が優位という構図が引き続き維持されることになった。
　記事によると、2008年にかんぽ生命と提携し、がん保険の共同開発を検討

してきた日本生命保険は「かんぽ生命とは5年以上にわたり様々な面で協力をしてきた経緯があり、遺憾だ」とのコメントを発表したそうだが、TPP交渉を背景に、日本郵政とアフラックの提携という形で落ち着くことになった。

「日本郵政とアフラック、がん保険販売で業務提携」
(『金融財政事情』2013年8月12日掲載の「新聞の盲点」より)

　この記事では、アフラックとの提携は、日本郵政にとって、アメリカに譲歩したという以上の意味があると分析している点が興味深い。

　〈日本郵政とアメリカンファミリー生命保険(アフラック)は7月26日、業務提携に関して基本合意に至ったと発表した。現在、約1000の郵便局で取り扱っているアフラックのがん保険の取扱いチャネルを全国2万の郵便局へと拡大する。日本郵政グループでは6月25日に西室泰三氏(元東芝相談役)が新社長に就任しており、2015年を予定する株式上場に向けて収益力強化の必要性に迫られていた〉(リード文より)

　〈従来から医療保険などの第三分野を日本における自らの「縄張り」と意識するアメリカの保険会社は、持株会社である日本郵政を通じて日本政府が実質的にすべての株式を保有するかんぽ生命保険とは公平な競争ができないと主張してきた〉
　〈今回の提携発表は、本格化しつつある環太平洋戦略的経済連携協定(TPP)交渉におけるアメリカ保険業界からの圧力への譲歩といった側面があることは否めない〉
　〈しかし、日本郵政グループにとって、今回の提携はアメリカへの譲歩を超えた意味がある〉
　〈アフラックとの提携強化は、かんぽ生命がアフラックから保険会社としての業務のノウハウを吸収し、同時に収益力を強化する狙いがあるという

見方もできる〉

　2016年1月にかんぽ生命が「再保険」の引き受け業務に参入することを発表したが、最後にその記事を紹介しよう。

「かんぽ生命、再保険参入＝国に認可申請」
（2016年1月19日配信、時事通信）

〈日本郵政グループのかんぽ生命保険は（引用者注・1月）19日、保険会社が保険金の支払いリスクを分散するために入る再保険の引き受け業務への参入について、金融庁と総務省に認可申請したと発表した。かんぽ生命と日本郵便が他の生命保険会社から受託して販売する保険が対象。収益源を多様化し、経営を一段と安定させるのが狙いだ。
　（中略）
　かんぽ生命が引き受ける再保険の金額は、対象商品の保険金の50％未満とする。かんぽ生命と日本郵便は、それぞれ生保9社の経営者向け定期保険やがん保険などを受託販売している〉

巻末付録❷

ISDS条項に関する資料

　ISDS条項をめぐってどんな議論が交わされてきたか？　その背景を知っていただくために、『調査と情報―ISSUE BRIEF―』（No.807、2013年11月5日）掲載の「ISDS条項をめぐる議論」（国立国会図書館調査及び立法考査局経済産業課・伊藤白）より一部抜粋する。

〈Ⅰ　**投資協定とISDS条項**
　　2　ISDS条項とは
　ISDS条項は、以上のような内容（引用者注・この前の項の投資協定の説明を指す）を規定する投資協定の一部を成し、投資受入国がこの規定に違反したと思われる場合に投資家が国際仲裁機関に仲裁を付託する国際投資仲裁の手続を定めたものである。そのため、例えば関税や非関税障壁、サービスの自由化等、FTAの投資章以外に盛り込まれた規定の違反があったと考えられた場合でも、その規定の内容がISDS条項の対象となるという特段の規定がない限り、投資家は当該違反のおそれを理由に仲裁を申し立てることはできない。
　ISDS条項は、投資協定が結ばれるようになった初期の1960年代から投資協定に盛り込まれていたが、1980年代後半までは利用されることがなかった。しかし、北米自由貿易協定（North American Free Trade Agreement: NAFTA）の投資章を根拠にした米エチル（Ethyl）社のカナダ政府に対する仲裁提起（1998年、後述）により注目が高まると、これをきっかけに利用が急増した。2012年末までに、514件の仲裁事例が報告されている。
　日本も、これまでに締結した多くの投資協定においてISDS条項を採用してきた。日本がこれまでに締結した25本の投資協定のうち、ISDS条項を含むものはフィリピンとのEPAを除く計24本である〉

〈II　国際投資仲裁の事例〉

　上述のとおり、2012年末までに報告されたISDS条項に基づく仲裁申立は514件に上る。これまでに最も多くの仲裁付託を行った国は米国（123件、全体の24％）であり、これにオランダ（50件）、英国（30件）、ドイツ（27件）が続く。被提訴件数が多いのはアルゼンチン（52件）、ベネズエラ（34件）を筆頭に南米を中心とする国々である。日本が訴えられたケースはこれまでになく、日系企業が投資受入国を相手に仲裁を提起した事例としては1件が報告されている（日系オランダ企業サルカ社のチェコ政府に対する仲裁提起。サルカ社の勝訴）。

　以下、日本の文献においても言及されることの特に多い仲裁事例を2件紹介する。

1　米エチル社のカナダ連邦政府に対する仲裁提起

　1997年4月、カナダ連邦政府は、メチルマンガン化合物（MMT）のカナダ国内への輸入と各州間での流通を禁止する連邦法を成立させた。MMTは無鉛ガソリンのオクタン価を上昇させるために添加される物質で、その燃焼過程で人体に有害な影響を与えるとされる。しかし、カナダ連邦政府は、MMTの使用そのものは禁じていない。国内でのMMTの使用を禁じない一方で輸入を禁じるこの措置により、MMTのカナダへの唯一の輸入業者であり、米国でMMTを製造するエチル（Ethyl）社の子会社であるエチル・カナダ社が、今後MMTを売るためにはカナダの各州に製造施設を設置しなければならなくなり、損害を受けるとして、エチル社は同年4月14日、国際連合国際商取引法委員会（United Nations Commission on International Trade Law: UNCITRAL）の仲裁規則に基づき仲裁手続を開始した。エチル社の訴えは、カナダ連邦政府の措置がNAFTAの禁止する収用に該当するというものであった。これに対しカナダ連邦政府は、当該申立の手続に規則に違反する点があったこと等を理由に、当該案件は仲裁廷の管轄外であると主張した。両者の主張に対し、1998年6月、仲裁廷は管轄権に関するカナダ連邦政府の抗弁を退け、管轄権は成立するとの判断を出した。

一方で、この仲裁と並行して、カナダ連邦政府はその措置が州と国の通商規則を定めた国内通商協定に違反するとしてアルバータ州から訴えられており、管轄権に関する判断とほぼ時期を同じくして連邦政府の義務違反が認定された。その約1か月後、カナダ連邦政府は、当該連邦法を取り下げ、エチル社に1300万ドルを払って和解したことを公表した。そのため、本ケースにおいては、カナダ政府の措置が収用に当たるかどうかなどの実体問題に対する仲裁判断は出されずに終わった。

2 米メタルクラッド社のメキシコ連邦政府に対する仲裁提起

米国企業メタルクラッド（Metalclad）社は、メキシコ企業コテリン（Coterin）社を1993年9月に買収した。コテリン社は、メキシコ中部のグワダルカサール市に、有害廃棄物処理施設を建設する許可をメキシコ連邦政府及び同市のあるサン・ルイス・ポトシ州から取得していた。この許可に基づき、メタルクラッド社は1994年5月に施設の建設を開始した。しかし、処理施設への反対運動が高まる中、グワダルカサール市は、市当局の建設許可がないとして、同年10月に建設の中止を命令した。このため、メタルクラッド社はメキシコ連邦政府と再びコンタクトを取り、市政府と良好な関係を保つためには市に建設許可申請をする必要があること、ただし市当局には建設許可を拒否する根拠がないことについて確約を得た。同社は同年11月に市当局に建設許可を申請し、さらに追加的な建設許可を連邦政府から得た上で建設工事を再開し、1995年3月に工事を完了した。しかし、グワダルカサール市は、建設許可申請から13か月後、同年12月になって建設許可を与えないことを決定した。これにより、メタルクラッド社は施設を建設したにもかかわらず操業が事実上不可能となり、1997年1月、メキシコ連邦政府の行為がNAFTA上の待遇の最低水準（第1105条）及び収用の原則の禁止（第1110条）に違反するとして、メキシコ連邦政府を相手取りICSIDに仲裁を付託した。

仲裁廷は2000年8月、メキシコ連邦政府の行為には透明性が欠如していたこと、同政府がメタルクラッド社の事業計画と投資に対する予測可能な枠組みを確保しなかったことを理由に第1105条違反を認めた。また

NAFTA上の収用の概念には公然の財産の接収のみならず、財産の所有者から財産の使用や合理的に期待される経済的利益のすべて又は相当な部分を奪う効果を有する干渉が含まれるとした上で、メキシコ政府がメタルクラッド社に対する市の行動を許可又は容認したことを理由に、第1110条違反を判示した。結果的に、仲裁廷はメキシコ政府に1669万ドルの賠償を命じた。

Ⅲ　ISDS条項をめぐる議論
1　ISDS条項への賛否の主要論点

　ISDS条項は、企業がこれを基に投資受入国を相手取って訴えを起こすことが可能となるため、企業の投資活動の保護につながり得る。また、中立的な紛争解決の場を用意することで、投資家の投資が確実に保護されるという期待を高めることにより、外国からの投資が促され、投資受入国の経済発展につながる可能性がある。しかしその一方で、ISDS条項には投資家保護のために国家の活動を制限する面もあるため、その是非をめぐって議論が行われてきた。日本国内でも、とりわけTPP交渉に関連して議論が続いている。

　特に大きな批判があるのは、一企業が国家を訴え、高額な賠償金を請求することによって国家の規制権限を脅かすISDS条項の性質である。ここには、大きく3つの論点があろう。まず1つ目は、一企業が国家間の協定に基づく仲裁申立の主体となってよいのかという法体系上の問題である。物品貿易に関わる世界貿易機関（World Trade Organization: WTO）上の紛争は、企業が不利益を受けたとしても、国家を訴えることができるのは国家であるのに対し、投資協定では一企業が仲裁申立の主体となる。この点に関しては、ISDS条項を必ずしも否定しない立場からも若干の違和感が指摘されている。

　2つ目は、公共の利益のために規制を行う国家の主権がそもそも制約されてよいのか、という論点である。このような主張に対しては、投資協定に限らずそもそも条約というものは国家の主権を制約するものであるという反論がある。条約を締結する以上、国内法と条約は整合的でなければな

らないのであり、これを否定する主張は国際法不要論につながることになる。

　そして3つ目として、そのような国家の主権が一企業のために制約されてよいのかという論点がある。これについては、ISDS条項によって得られる企業及び社会の利益と、失われる社会の利益の比較衡量の上で、ISDS条項の是非を判断することが必要となってこよう。

　このような批判のうち、個別の分野でISDS条項への懸念が明確に表明されているのは、日本では医療の分野である。日本の公的医療保険制度が参入障壁であるとして外国から提訴される懸念が指摘されている。これに対しては、日本政府が、特定の分野を義務から除外することが可能であること、そしてこれまでの日本が結んでいる（多くの）協定では、公的医療保険制度は投資分野の義務から除外されるネガティブリストに含まれており、ISDS条項の対象とはなっていないことを説明している。

2　投資協定とISDS条項の課題

　ISDS条項のメリットとデメリットの衡量判断を行うために、またその前提として国際法によって国家主権の何が制約されるのかを知るために、ISDS条項による申立の根拠となる投資協定そのものが、そもそも何を規定しているのかが明瞭でなければならない。しかしながら、ISDS条項そのものは是とする立場からも、投資協定の条項がしばしば抽象的な文言によって規定されており、投資受入国の義務が必ずしも明確化されていないケースが多いことが指摘されている。仲裁の数が増える中で、ISDS条項の対象となる投資協定の規定をより精緻化するための議論が近年続いている。

　特に、上述の米国モデルBIT（引用者注・「2012年米国モデル二国間投資協定」のこと）では第5条（最低基準の待遇）に規定されている公正かつ衡平な待遇の概念が不明確なことは、しばしば議論の対象となってきた。例えば、NAFTAに基づく仲裁では、公正かつ衡平な待遇が、慣習国際法上の待遇以上のものを含むとの判断が下されたケースや、協定上の他の規定に違反する場合には必然的に公正かつ衡平な待遇義務にも違反するとの判

断が下されたケースがあったことから、米国の連邦議員を中心にこの規定の解釈について批判の声が上がった。これを受けて、NAFTA自由貿易委員会は、公正かつ衡平な待遇は慣習国際法上の最低基準を示すものであり、それを超える待遇を求めるものではないこと、NAFTA上又は他の国際協定の公正かつ衡平な待遇義務以外の違反があったことによって、公正かつ衡平な待遇義務の違反があったこととはならないことを確認する覚書を公表した。

また、外国投資家に対する課税強化により投資活動の継続が困難となり、事実上の収用に当たると主張される事案が見られる一方で、租税は裁判権等と並ぶ国家の主権的機能の一つであることから、投資協定と課税権の関係を整理する必要があることを指摘する声がある。こうした事態への対応として、近年では、例えば米韓FTAで、課税と収用の関係について、一般に課税行為が収用と見なされるわけではないこと、無差別的な課税は収用と見なされる可能性が低いこと等が定められている（Annex 11-F）。こうした取組みは、投資受入国の義務を協定段階で明確化し予測可能性を向上させる試みと言えよう。

さらに、同FTAには、以下のような文言が入れられている。

例えば、ある措置やある一連の措置が、その目的や効果に照らして極端に厳しいか不適切である場合等のまれな状況を除き、公衆衛生、安全、環境及び（例えば低所得者層の住宅事情を改善することによる）不動産価格安定等の合法的な公共目的を保護するために計画され採用された締結国の無差別的な規制措置は、間接収用とは見なさない（Annex 11-B）。

これは、差別的でない限り公共目的の措置一般を間接収用とは見なさないという、間接収用の範囲を大きく限定したものである。上述のエチル社のケースなどにおいて投資保護が環境保全を行う国家の権利に制約を課すのはおかしいとする批判があったが、この条項はこうした批判への一つの回答となっていると言えよう。TPPの条文においても、同様の文言が入れられるかどうかは、一つの注目ポイントである〉

巻末付録❸

東アジア共同体構想に関する資料

鳩山由紀夫氏の「グローバリズムとEU統合」に関する論考

　民主党の元党首・鳩山由紀夫氏は雑誌『Voice』2009年9月号に「私の政治哲学」と題した論文を寄稿している。
　その中にはグローバリズムに対する批判、グローバリズムに対抗するEUのモデル、そしてEUモデルを発展させた東アジア共同体の創造に関する理念が語られている。
　同論文の該当部分を抜粋しながら東アジア共同体構想を見ていきたい。

　〈この間、冷戦後の日本は、アメリカ発のグローバリズムという名の市場原理主義に翻弄されつづけた。至上の価値であるはずの「自由」、その「自由の経済的形式」である資本主義が原理的に追求されていくとき、人間は目的ではなく手段におとしめられ、その尊厳を失う。金融危機後の世界で、われわれはこのことにあらためて気が付いた。道義と節度を喪失した金融資本主義、市場至上主義にいかにして歯止めをかけ、国民経済と国民生活を守っていくか。それがいまわれわれに突き付けられている課題である〉
　〈いうまでもなく、今回の世界経済危機（引用者注・米リーマン・ブラザー

ズの経営破綻が引き金となった国際的な金融危機及び株価暴落のこと)は、冷戦終焉後アメリカが推し進めてきた市場原理主義、金融資本主義の破綻によってもたらされたものである。米国のこうした市場原理主義や金融資本主義は、グローバルエコノミーとかグローバリゼーションとかグローバリズムとか呼ばれた。

　米国的な自由市場経済が、普遍的で理想的な経済秩序であり、諸国はそれぞれの国民経済の伝統や規制を改め、経済社会の構造をグローバルスタンダード（じつはアメリカンスタンダード）に合わせて改革していくべきだという思潮だった。

　日本の国内でも、このグローバリズムの流れをどのように受け入れていくか、これを積極的に受け入れ、すべてを市場に委ねる行き方を良しとする人たちと、これに消極的に対応し、社会的な安全網（セーフティネット）の充実や国民経済的な伝統を守ろうという人たちに分かれた。小泉政権以来の自民党は前者であり、私たち民主党はどちらかというと後者の立場だった。

　各国の経済秩序（国民経済）は年月をかけて出来上がってきたもので、その国の伝統、慣習、国民生活の実態を反映したものだ。したがって世界各国の国民経済は、歴史、伝統、慣習、経済規模や発展段階など、あまりにも多様なものなのである。グローバリズムは、そうした経済外的諸価値や環境問題や資源制約などをいっさい無視して進行した。小国のなかには、国民経済が大きな打撃を被り、伝統的な産業が壊滅した国さえあった。

　資本や生産手段はいとも簡単に国境を越えて移動できる。しかし、人は簡単には移動できないものだ。市場の論理では「人」というものは「人件費」でしかないが、実際の世の中では、その「人」が地域共同体を支え、生活や伝統や文化を体現している。人間の尊厳は、そうした共同体のなかで、仕事や役割を得て家庭を営んでいくなかで保持される〉

〈農業や環境や医療など、われわれの生命と安全にかかわる分野の経済活動を、無造作にグローバリズムの奔流のなかに投げ出すような政策は、「友愛」の理念からは許されるところではない。また生命の安全や生活の安定にかかわるルールや規制はむしろ強化しなければならない。

〈グローバリズムが席巻するなかで切り捨てられてきた経済外的な諸価値に目を向け、人と人との絆の再生、自然や環境への配慮、福祉や医療制度の再構築、教育や子どもを育てる環境の充実、格差の是正などに取り組み、「国民一人ひとりが幸せを追求できる環境を整えていくこと」が、これからの政治の責任であろう〉

以上のようにグローバリズムに対して警鐘を鳴らしているものの、「経済のグローバル化は避けられない時代の現実だ」とし、私と同じようにEUモデルを提言されている。

〈しかし、経済的統合が進むEUでは、一方でローカル化ともいうべき流れも顕著である。ベルギーの連邦化やチェコとスロバキアの分離独立などはその象徴である。グローバル化する経済環境のなかで、伝統や文化の基盤としての国あるいは地域の独自性をどう維持していくか。それはEUのみならず、これからの日本にとっても大きな課題である。

グローバル化とローカル化という二つの背反する時代の要請への回答として、EUはマーストリヒト条約やヨーロッパ地方自治憲章において「補完性の原理」を掲げた。補完性の原理は、今日では、たんに基礎自治体優先の原則というだけでなく、国家と超国家機関との関係にまで援用される原則となっている。こうした視点から、補完性の原理を解釈すると以下のようになる。

個人でできることは、個人で解決する。個人で解決できないことは、家庭が助ける。家庭で解決できないことは、地域社会やNPOが助ける。これらのレベルで解決できないときに初めて行政がかかわることになる。そして基礎自治体で処理できることは、すべて基礎自治体でやる。基礎自治体ができないことだけを広域自治体がやる。広域自治体でもできないこと、たとえば外交、防衛、マクロ経済政策の決定など、を中央政府が担当する。そして次の段階として、通貨の発行権など国家主権の一部も、EUのような国際機構に移譲する……。

補完性の原理は、実際の分権政策としては、基礎自治体重視の分権政策

ということになる。われわれが、友愛の現代化を模索するとき、必然的に補完性の原理に立脚した「地域主権国家」の確立に行き着く〉

そして、鳩山氏は東アジア共同体に関する夢についても語っている。

〈「友愛」が導くもう一つの国家目標は「東アジア共同体」の創造であろう。もちろん、日米安保体制は、今後も日本外交の基軸でありつづけるし、それは紛れもなく重要な日本外交の柱である。同時にわれわれは、アジアに位置する国家としてのアイデンティティを忘れてはならないだろう。経済成長の活力に溢れ、ますます緊密に結びつきつつある東アジア地域を、わが国が生きていく基本的な生活空間と捉えて、この地域に安定した経済協力と安全保障の枠組みを創る努力を続けなくてはならない。

今回のアメリカの金融危機は、多くの人に、アメリカ一極時代の終焉を予感させ、またドル基軸通貨体制の永続性への懸念を抱かせずにはおかなかった。私も、イラク戦争の失敗と金融危機によってアメリカ主導のグローバリズムの時代は終焉し、世界はアメリカ一極支配の時代から多極化の時代に向かうだろうと感じている。しかし、いまのところアメリカに代わる覇権国家は見当たらないし、ドルに代わる基軸通貨も見当たらない。一極時代から多極時代に移るとしても、そのイメージは曖昧であり、新しい世界の政治と経済の姿がはっきり見えないことがわれわれを不安にしている。それがいま私たちが直面している危機の本質ではないか。

アメリカは影響力を低下させていくが、今後二、三十年は、その軍事的経済的な実力は世界の第一人者のままだろう。また圧倒的な人口規模を有する中国が、軍事力を拡大しつつ、経済超大国化していくことも不可避の趨勢だ。日本が経済規模で中国に凌駕される日はそう遠くはない。覇権国家でありつづけようと奮闘するアメリカと、覇権国家たらんと企図する中国の狭間で、日本は、いかにして政治的経済的自立を維持し、国益を守っていくのか。これからの日本の置かれた国際環境は容易ではない。

これは、日本のみならず、アジアの中小規模国家が同様に思い悩んでいるところでもある。この地域の安定のためにアメリカの軍事力を有効に機

能させたいが、その政治的経済的放恣はなるべく抑制したい、身近な中国の軍事的脅威を減少させながら、その巨大化する経済活動の秩序化を図りたい。これは、この地域の諸国家のほとんど本能的要請であろう。それは地域的統合を加速させる大きな要因でもある。

　そして、マルクス主義とグローバリズムという、良くも悪くも、超国家的な政治経済理念が頓挫したいま、再びナショナリズムが諸国家の政策決定を大きく左右する時代となった。数年前の中国の反日暴動に象徴されるように、インターネットの普及は、ナショナリズムとポピュリズムの結合を加速し、時として制御不能の政治的混乱を引き起こしかねない。

　そうした時代認識に立つとき、われわれは、新たな国際協力の枠組みの構築をめざすなかで、各国の過剰なナショナリズムを克服し、経済協力と安全保障のルールを創り上げていく道を進むべきであろう。ヨーロッパと異なり、人口規模も発展段階も政治体制も異なるこの地域に、経済的な統合を実現することは、一朝一夕にできることではない。しかし、日本が先行し、韓国、台湾、香港が続き、ASEANと中国が果たした高度経済成長の延長線上には、やはり地域的な通貨統合、「アジア共通通貨」の実現を目標としておくべきであり、その背景となる東アジア地域での恒久的な安全保障の枠組みを創出する努力を惜しんではならない。

　いまやASEAN、日本、中国（含む香港）、韓国、台湾のGDP合計額は世界の四分の一となり、東アジアの経済的力量と相互依存関係の拡大と深化は、かつてない段階に達しており、この地域には経済圏として必要にして十分な下部構造が形成されている。しかし、この地域の諸国家間には、歴史的文化的な対立と安全保障上の対抗関係が相俟って、政治的には多くの困難を抱えていることもまた事実だ。

　しかし、軍事力増強問題、領土問題など地域的統合を阻害している諸問題は、それ自体を日中、日韓などの二国間で交渉しても解決不能なものなのであり、二国間で話し合おうとすればするほど双方の国民感情を刺激し、ナショナリズムの激化を招きかねないものなのである。地域的統合を阻害している問題は、じつは地域的統合の度合いを進めるなかでしか解決しないという逆説に立っている。たとえば地域的統合が領土問題を風化させる

のはEUの経験で明らかなところだ。

　私は「新憲法試案」（平成十七年）を作成したとき、その「前文」に、これからの半世紀を見据えた国家目標を掲げて、次のように述べた。

「私たちは、人間の尊厳を重んじ、平和と自由と民主主義の恵沢を全世界の人々とともに享受することを希求し、世界、とりわけアジア太平洋地域に恒久的で普遍的な経済社会協力及び集団的安全保障の制度が確立されることを念願し、不断の努力を続けることを誓う」

　私は、それが日本国憲法の理想とした平和主義、国際協調主義を実践していく道であるとともに、米中両大国のあいだで、わが国の政治的経済的自立を守り、国益に資する道でもある、と信じる。またそれはかつてカレルギーが主張した「友愛革命」の現代的展開でもあるのだ。

　こうした方向感覚からは、たとえば今回の世界金融危機後の対応も、従来のIMF、世界銀行体制のたんなる補強だけではなく、将来のアジア共通通貨の実現を視野に入れた対応が導かれるはずだ。

　アジア共通通貨の実現には今後十年以上の歳月を要するだろう。それが政治的統合をもたらすまでには、さらなる歳月が必要であろう。世界経済危機が深刻な状況下で、これを迂遠な議論と思う人もいるかもしれない。しかし、われわれが直面している世界が混沌として不透明で不安定であればあるほど、政治は、高く大きな目標を掲げて国民を導いていかなければならない。

　いまわれわれは、世界史の転換点に立っており、国内的な景気対策に取り組むだけでなく、世界の新しい政治、経済秩序をどう創り上げていくのか、その決意と構想力を問われているのである。

　今日においては「EUの父」と讃えられるクーデンホフ・カレルギーが、八十六年前に『汎ヨーロッパ』を刊行したときの言葉がある。彼は言った。「すべての偉大な歴史的出来事は、ユートピアとして始まり、現実として終わった」、そして「一つの考えがユートピアにとどまるか、現実となるかは、それを信じる人間の数と実行力にかかっている」と〉

論考「鳩山由紀夫政権におけるアジア外交」

　続いて、神奈川大学法学部の佐橋亮准教授が2011年6月発行の『問題と研究』に「東アジア共同体」構想について寄稿されているので、その論文も一部抜粋して紹介したい。

鳩山由紀夫政権におけるアジア外交
―「東アジア共同体」構想の変容を手掛かりに―

　〈2009年9月の総選挙により政権交代を実現した民主党を中心とする日本の新政権は、「東アジア共同体」構想を唱道する鳩山由紀夫氏を首班として発足した。普天間飛行場移設問題と並び、同構想は日米関係をはじめ諸外国から大きな関心を集めたが、それは「対米自立」を示唆する発言とともに、従来の日本政府のアジア政策と異なり「排他性」を伴った地域協力が当初に含意されていたことによる。しかし、鳩山首相として行われた演説においては、「開かれた」協力と日米安保体制の役割が確認され、機能的な協力を重層的に進展させていく従来の方針が確認されていった。また、オーストラリア、インドとの安全保障協力にも継続した発展がみられ、韓国との関係も良好だった。「東アジア共同体」構想は、結果からみれば、その後のアジアにおける地域制度の拡大や強化に結実せず、日本のアジア外交はこの時期に大きな変容を遂げたとも言えない。日米同盟を基軸とする同盟ネットワークの役割とその変質、機能協力の進展と包摂的な地域協力の必要性、なにより新興国の台頭と域内外の大国、ミドル・パワーの存在感の増大に対応する新たな制度設計の議論は、依然として手つかずのままにある〉（【要約】を引用）

　佐橋准教授の論文の引用を続ける。

〈この（引用者注・「東アジア共同体」の）構想は基地移設先を巡る政策と同様に、またはそれ以上に、日本の利益特定や中長期的な見通しに関連し、また日本の外交政策に全般的な影響を及ぼし得る可能性があった。
　鳩山氏は選挙期間中に地域統合によって国家間の諍いを解消する思いを訴え、アジアにおける通貨統合の夢を語った。その後、同氏は首相として3回、アジア政策に関して演説、あるいは会議での冒頭発言を行っている。鳩山氏の政権在任中に、同氏の唱える政治哲学といわれる「友愛」を内政、外交に反映させる重要な手段として、「新しい公共」とともに「東アジア共同体」構想が位置付けられていたことに疑う余地はない。外交政策に関して「県外」と並び表明された政権の指針でもあり、国内外より非常に注目を集めた。
　しかし、「東アジア共同体」構想に関する演説等において、当初に表明されていた鳩山氏の考えは徐々に修正された形で表明されていく。その背景には、行政府内部での調整を経た結果という側面はあるだろう。当初の考えに読み取れた、地域主義におけるアメリカへの「排他性」は影を潜め、むしろ日米同盟の公共財としての役割が自覚され、東アジアにおける機能主義的な協力の推進―それは、従来いわれてきた地域枠組みにおける「重層性」の再強調に他ならない―が強調され、「東アジア共同体」は特定の組織や協力を指さないものとされていく。他方で、鳩山政権期に韓国、インド、豪州との関係強化が推進されたように、安全保障政策におけるアメリカの同盟ネットワーク強化に関して、過去からの継続性が確認されている。鳩山政権期における外交政策の変容過程を検討することは、日本外交における戦略的な環境と手段の選択を踏まえたうえでの調整過程に外ならない〉
〈2009年8月、第45回衆議院総選挙における民主党の勝利が確実視されるなかで、民主党代表の座にあった鳩山由紀夫氏は、PHPの発行する月刊誌『Voice』9月号に「私の政治哲学」という論文を掲載した。そして、選挙も終盤（に）さしかかった段階で同論文の抄訳が米有力紙ニューヨーク・タイムズ国際版のインターネットサイトなど複数の大手メディアサイトに掲載され、物議をかもすことになる〉

東アジア共同体はアメリカ外しではないか？　先に紹介した鳩山氏の論文はアメリカ側から疑心暗鬼の目を向けられる。引用を続けよう。

　〈すなわち、「東アジア共同体」を地域主権国家に並ぶもう一つの国家目標とした鳩山氏は、日米安保体制を「日本外交の基軸」としたうえで、「アジアに位置する国家としてのアイデンティティを忘れてはならない」と訴える。「アメリカ一極時代の終焉」と「多極化の時代」という国際情勢認識を吐露したうえで、「アジア共通通貨」の実現と、「その背景となる東アジア地域での恒久的な安全保障の枠組みを送出する努力」が必要とした〉

　〈政権発足後の展開を確認する前に、日本外交がそれまでに、アジアの地域主義においてアメリカをいかに位置付けてきたか、簡潔に確認しておこう。戦後日本にとってアジア外交は、日米関係を基礎としつつ、「アジアの一員」として戦前とは異なる新たな関係性を模索するものだった。宮城大蔵は『「海洋国家」日本の戦後史』において、戦後日本のアジア政策における特徴は「非政治化」にあり、すなわち『「反共か否か」よりも、「脱植民地化とその後の国造り」』に重点を置く日本が、経済開発とそのための安定を東南アジア諸国のそれぞれの時代の政府とともに進めてきたと主張した。日本はアジア政策にグローバルな冷戦の文脈を過度に読み込むことを避けた。もちろん、それは日米安保体制を前提としたものであり、たとえば田中角栄首相の日中国交正常化プロセスにも確認できるように、日中関係の打開も日米関係を基軸とするなかで成立条件が模索された。

　冷戦終結後、日本外交はアメリカのアジアへの関与を招致するように動いたことは間違いないだろう。それは、ASEAN地域フォーラム（ARF）創設時に、日本外務省がアメリカの参加に向けて奔走した事実にも示されている。なお、すでに多くの研究が示しているように、ARF創設への日本の積極姿勢の背景には、先進国をはじめとする国際社会からの期待にこたえて国際安全保障への参画を強めていく日本にとって、アジアからの賛意を得ることが重要な意味を持っていたことがある。アメリカの地域への関与を保証し、そのパワーを引きつけておく意思を示しつつ、同時に自ら

のアジア政策の基盤を固めることに眼目があった。アジア通貨危機のさなかに浮上したアジア通貨基金（AMF）構想に対しては、日本政府関係者の予想を越えるほどのアメリカ政府の過剰な反応があった。アジアへの関与を排除するようないかなる枠組みに対してもアメリカが懸念を有することが明確に示された〉

〈日本政府が繰り返し強調してきた「開かれた地域主義」には、グローバルな秩序の対抗概念として地域を捉える視点ではなく、むしろ「グローバルな秩序と地域の秩序とを連結させる」視点が強く内在されている。事実、日本は人権や民主主義、市場経済といった普遍的な価値、国際的なルールを地域に接合させようとする努力を繰り返してきた。そして、そのような性格を持つ以上、「開かれた地域主義」において『地域』の範囲は、東アジアに限定されず常に域内・域外の境界線を往来し、領域的／脱領域的な境界を超越する」ことになると、大賀（引用者注・哲）は指摘している。小泉政権時代にも徐々に議論が始まっていた東アジア共同体は、「開かれた地域主義」の文脈のなかでアジアにおける地域主義の発展と普遍的な価値の追求を共に追い求めるものとされた〉

一方、国内の世論も従来のアメリカ追随か、アジア指向かで二分されていく。

〈10月26日の朝刊において、朝日新聞は「共同体を共に磨こう」と題した社説を発表し、鳩山政権の構想による域内対話の推進を称賛していたが、他方で日本経済新聞は「米国抜きで東アジア共同体は語れない」と題した社説を発表し、鳩山政権の日米同盟、及び「東アジア共同体」構想におけるアメリカの位置づけに対して疑問を呈している〉

東アジア共同体は常にアメリカ側から疑念の目で見られた。アメリカを外し、日本が中国寄りになるのではないかと見られる中、鳩山首相もアメリカを外さないと言明もしない。そんな緊張感の中で、普天間基地移設問題に絡んで鳩山政権は退陣。同時に、東アジア共同体構想も消えていくのであった。
佐橋准教授は「結論」として、論文の最後を以下のように結んでいる。

〈2010年6月に菅直人政権が誕生し、同年9月より岡田克也に代わり前原誠司が外務大臣に就任する。前原外相は、2011年1月に訪米先の戦略国際問題研究所において、主要な政策演説としてアジア太平洋について語っている。

　覇権の下ではなく、協調を通じてアジア太平洋地域全体を発展させることが、各国の長期的利益と不可分一体であるとの基本的な考え方に立ち、新しい秩序を形成すべきです。その一環として、途上国の開発と経済成長を支えてきたインフラの整備に加え、法の支配、民主主義、人権の尊重、グローバル・コモンズ、知的財産権の保護を含む自由で公正な貿易・投資ルールといった制度的基盤を整備していくことが必要です。
　日本は、これまでも貿易・投資、ODA等を通じてアジア太平洋地域の持続的成長に貢献するのみならず、様々な地域協力の推進に努力してきましたし、今後も引き続き努力を続けます。とくに、日本は、米国とともに、ASEANが地域協力において果たす中心的役割を重視してきました。今後も2015年のASEAN共同体構築や、連結性強化を通じたASEAN統合を支援していくことが重要と考えています。また、ASEANを中心に発展する様々な枠組みの中では、東アジア首脳会議（EAS）がありますが、EASへの米国の参加は日本がかねてより呼びかけていたもので、日本は昨年の米国及びロシアの参加決定を歓迎しています。（傍点は佐橋亮氏による）

　すでに、ここに「東アジア共同体」の面影をみいだすことはできない。アメリカにおいて行われた演説という性格もあるにせよ、アジア太平洋の地域主義が強調され、そして東アジアの制度構築におけるアメリカの役割を歓迎している。それが望ましいかどうか、それは本論文が評価を与えるものではない。しかし、あれほどまでに前政権が強調した、「東アジア共同体」構想は、鳩山政権の退陣とともに、再び持ち出されることはなくなっている。そして、普遍的な価値の実現のための「制度的基盤」を「覇権の下ではなく、協調を通じて」求めていくことが示されている〉

著者略歴　　**アイアン・フジスエ**

1964年、熊本県熊本市生まれ。本名・藤末健三。
1986年、東京工業大学卒業、通商産業省（現・経済産業省）に入省。
1995年、マサチューセッツ工科大学とハーバード大学で修士号を取得。
1996年、プロボクシング・ライセンス取得（リングネームはアイアン・フジスエ）。
1999年、東京大学講師に（翌年、助教授）。経営論と政策論を教える。
2004年、東京大学を退職し、参議院議員に（全国比例区）。
2005年、早稲田大学客員教授に。
2010年、2期目当選。
2011年、参議院総務委員長に。
2012年、総務副大臣・郵政民営化担当副大臣に。
2016年、参議院選挙に立候補予定。

世界平和のためのTPP賛成論
安保法制に反対し、平和を求める人こそTPPを支持すべき！

2016年4月27日　初版第1刷発行

著　　　者	アイアン・フジスエ
発　行　者	揖斐　憲
発　行　所	株式会社 サイゾー
	〒150-0043　東京都渋谷区道玄坂1丁目19番2号 スプラインビル3階
	電話　03-5784-0790（代表）
編 集 協 力	中村カタブツ君
編 集 制 作	髙橋聖貴
装　　　訂	上野秀司
印刷・製本	株式会社 シナノパブリッシングプレス

本書の無断転載を禁じます
乱丁・落丁の際はお取替えいたします
定価はカバーに表示してあります
©Iron Fujisue 2016, Printed in Japan
ISBN 978-4-86625-058-8